Spirituelle Sterbebegleitung

Gerda und Rüdiger Maschwitz

Spirituelle Sterbebegleitung

- Umgang mit Sterben, Tod und Abschied
- Heilsame Rituale und Gebete
- Erfahrungsberichte aus Familie, Beruf und Ehrenamt

Haben Sie Fragen an Gerda und Rüdiger Maschwitz?
Anregungen zum Buch?
Erfahrungen, die Sie mit anderen teilen möchten?

Nutzen Sie unser Internetforum:
www.mankau-verlag.de/forum

Bibliografische Information der Deutschen Nationalbibliothek
Die Deutsche Nationalbibliothek verzeichnet diese Publikation in der Deutschen Nationalbibliografie; detaillierte bibliografische Daten sind im Internet über http://dnb.d-nb.de abrufbar.

Gerda und Rüdiger Maschwitz
Spirituelle Sterbebegleitung
- Umgang mit Sterben, Tod und Abschied
- Heilsame Rituale und Gebete
- Erfahrungsberichte aus Familie, Beruf und Ehrenamt

ISBN 978-3-86374-092-4
1. Auflage März 2013

Mankau Verlag GmbH
Postfach 13 22, D-82413 Murnau a. Staffelsee
Im Netz: www.mankau-verlag.de
Internetforum: www.mankau-verlag.de/forum

Lektorat: Josef K. Pöllath, Dachau
Endkorrektorat: Dr. Thomas Wolf, MetaLexis
Gestaltung Umschlag: Andrea Barth, Guter Punkt GmbH & Co. KG, München
Typografie und Satz: Catherine Avak, München
Umschlagabbildung: © Elena Ray / shutterstock
Druck: Westermann Druck Zwickau GmbH, Zwickau / Sachsen

Hinweis für die Leser:
Die Autoren haben bei der Erstellung dieses Buches Informationen und Ratschläge mit Sorgfalt recherchiert und geprüft, dennoch erfolgen alle Angaben ohne Gewähr. Verlag und Autoren können keinerlei Haftung für etwaige Schäden oder Nachteile übernehmen, die sich aus der praktischen Umsetzung der in diesem Buch vorgestellten Hinweise und Ratschläge ergeben.

»Sterbende brauchen keinen Rat, keine Ermahnung, vielleicht nicht einmal ein tröstendes Wort. Sie brauchen nur unsere Präsenz, unser Ausharren, vielleicht unsere Hand, gewiss unser stilles Gebet. Wenn es nur viele Angehörige von Sterbenden wüssten, wie wenig notwendig ist, um Sterbenden nahe zu sein, anstatt vor ihnen zu fliehen, aber wie wichtig gerade dieses wenige ist.«

Günther Schulz / Jürgen Ziemer

Inhalt

Hinweis

Der besseren Lesbarkeit halber haben wir immer nur ein grammatikalisches Geschlecht verwendet – also der Seelsorger oder die Begleiterin –, um solch mühsame Barrieren, wie zum Beispiel *der Seelsorger/die Seelsorgerin verabschiedet sich von seinen/ihren Kollegen/Kolleginnen* zu vermeiden. Selbstverständlich ist immer das andere Geschlecht mit gemeint. Wir hoffen, Sie haben dafür Verständnis, denn es gehtschließlich nicht um einen Gesetzestext oder eine politische Verlautbarung.

Leben, um zu sterben – sterben, um zu leben

> Alles auf der Erde hat seine Zeit,
> geboren werden und sterben.
>
> *Prediger Salomo 3*

Die Auseinandersetzungen mit dem Sterben und dem Tod begleitet uns seit vielen Jahrzehnten, sowohl aus privaten als auch aus beruflichen Gründen.

Nach vielen Beerdigungen, die Rüdiger in seiner Zeit als Gemeindepfarrer gestaltet und verantwortet hat, geriet in dieser Zeit langsam die Sterbebegleitung wieder in den Blickpunkt der Menschen. Anfang der achtziger Jahre erlebten wir *Elisabeth Kübler-Ross* bei einem

Seminar in Lahnstein. Mir (Rüdiger) erging es ähnlich wie *Michael de Ridder* es in seinem Buch »Wie wollen wir sterben?« beschreibt. Am meisten irritierte mich die Information über die unterschiedliche medizinische und besonders medikamentöse Behandlung der Sterbenden in Deutschland. Ich recherchierte weiter und schrieb dazu einen kleinen Artikel im Gemeindebrief, der eine für ein solches Medium erstaunliche Resonanz erzeugte. Sterbebegleitung geschah in der pfarramtlichen Praxis damals eher selten. Sie erfolgte auf Anfrage und durch Mundpropaganda.

So sprach es sich schnell herum, dass der Pfarrer bereit sei, sich an das Bett eines sterbenden Menschen zu setzen. Die meisten Gespräche über das Sterben geschahen allerdings nebenbei, zum Beispiel bei Geburtstags- oder Hausbesuchen. Manche dieser Besuche sind mir nachdrücklich in Erinnerung. Sie zeigen die Schwierigkeit, über das Sterben zu reden. Ein Beispiel, das andere in ähnlicher Weise erlebt haben, ist symptomatisch für die damalige Einstellung zum Sterben.

Ich besuchte des Öfteren ein älteres Ehepaar. Bei einem Besuch, als der Ehemann auf die Toilette ging, teilte mir die Ehefrau leise mit, dass ihr Mann sterbenskrank sei und nur noch einige Wochen zu leben habe. Sie wollte ihrem Mann aber nichts verraten. Sie hatte die Aussage ihres Arztes so gedeutet: »Es ist besser, wenn ihr Mann nichts weiß.« Als die Frau kurz darauf in der Küche einen Tee bereitete, informierte mich der Mann flüsternd: »Ich bin sterbenskrank, aber meine Frau weiß nichts davon. Sie soll es auch nicht erfahren, sie macht sich sonst zu viele Sorgen.« Er hatte seinen Arzt so verstanden, dass es besser sei, seine Frau nicht zu informieren.

Ich saß da nun zwischen Hilflosigkeit, Ohnmacht und dem inneren Gefühl: »Das darf doch nicht wahr sein!« Ich hatte die Bitte beider im Ohr, dass ich den anderen nicht informieren sollte. Damit ging ich nach Hause. Die Supervision war noch in den Kinderschuhen und der Rat der Kollegen auch nicht hilfreich. Er schwankte zwischen dem Hinweis auf das Beichtgeheimnis und eigener Hilflosigkeit. So entschied ich mich zu einem zweiten Besuch. Ich wurde herzlich empfangen, und beide strahlten mich an. Ich weiß nicht, wer es zuerst sagte: »Wir haben uns miteinander ausgetauscht. Ihr Gesicht signalisierte uns, dass wir miteinander reden müssen.« Ich war erleichtert und erkannte, dass man auch ohne Worte das Wichtige und Richtige vermitteln kann. Bei der späteren Beerdigung nahm ich diese beiden Besuche in der Predigt auf, und dies erwies sich als eine hilfreiche Trauerbegleitung.

Eindrücklich war auch, dass die Lebensqualität der gemeinsamen Zeit (die doppelt so lang war wie der Arzt vermutete) einzigartig war. Beide tauschten sich über ihre gemeinsame Zeit und auch über ihre Ängste und Sorgen aus. Es geschah Abschied, es gab Schmerz und Traurigkeit – aber noch mehr Dankbarkeit.

Heute würde ich wahrscheinlich anders reagieren und bereits beim ersten Gespräch behutsam die Hinweise der beiden Ehepartner aufnehmen und thematisieren. Und ich würde so lange bleiben, bis ein Verständnis und ein Akzeptieren (einigermaßen) möglich wäre. Was besser wäre? Ich weiß es nicht; denn hier gilt: Alles hat seine Zeit!

Dieses Beispiel, in dem es um die Endphase im Leben eines Menschen ging, macht deutlich, dass es ein Leben vor dem Sterben und erst recht vor dem Tod gibt.

Wer die Chance hat, bewusst zu sterben, wird im Sterben leben. Wer lebt, ohne das Sterben mit in das Leben einzubeziehen, der stirbt schon im Leben.

Die Herrin des Todes und ihr Patensohn

Ein Märchen

In welchem Verhältnis stehen Leben und Sterben – Sterben und Leben zueinander? Eine sehr anschauliche Antwort darauf gibt das Märchen von der Herrin des Todes. Das Märchen ist eine Variante oder vielleicht sogar die Ursprungsversion von »Gevatter Tod« der *Brüder Grimm.*

Die Herrin des Todes und ihr Patensohn

Es war einmal ein armer Mann, der hatte zwölf Kinder. Es bereitete ihm große Mühe, sie alle zu ernähren. Nun gebar ihm seine Frau ein dreizehntes Kind, ein Knäblein.

Darüber war er voller Gram und Sorgen. Traurig ging er seines Weges und wusste nicht ein noch aus. Da begegnete ihm auf einmal eine hohe schöne Frau. Es war die Herrin des Todes. Diese fragte ihn: »Warum, mein Freund, bist du so traurig?«

»Ach, warum sollte ich nicht traurig sein, ich suche einen Paten oder eine Patin für mein neugeborenes Kind. Du musst wissen, ich hab noch zwölf Kinder und kann sie kaum ernähren. Wer kümmert sich nun um dieses, was soll aus ihm werden?«

Die edle Frau antwortete ihm: »Tröste dich, ich will die Patin dieses Knaben sein.«

So geschah es. Die Herrin des Todes hielt jenes Kind über die Taufe. Als der Knabe herangewachsen war, ließ die Patin ihn die Heilkunst lernen, denn er war ein kluger und geschickter Jüngling. Dazu schenkte sie ihm die

Gabe, der beste aller Ärzte zu sein. Als er seinen ersten Kranken besuchte, sprach die Herrin des Todes zu ihm: »Mein Sohn, ich möchte dir nun ein Geheimnis anvertrauen: Immer wenn du an ein Krankenlager gerufen wirst, werde ich bei dir sein. Niemand außer dir aber wird mich sehen können. Wenn ich am Kopfende des Bettes stehe, so wird der Kranke nicht genesen. Siehst du mich aber am Fußende stehen, so wird der Kranke gesund, so schwer sein Leiden auch sein mag.«

Auf diese Weise gelangte der junge Arzt bald zu höchstem Ruhm. Er konnte alle Kranken heilen, von denen er sprach, dass sie gesund werden würden.

Eines Tages wurde die Tochter des Königs schwer krank. Der König, der von dem großen Ruf des jungen Arztes gehört hatte, ließ ihn herbeiholen. Er sprach zu ihm: »Wenn es dir gelingt, meine Tochter zu heilen, so sollst du sie zur Frau bekommen.«

Der junge Arzt wurde in das Gemach der Königstochter geführt. Als er an ihrem Krankenbett stand, war er ergriffen von ihrer großen Schönheit und gewann sie sogleich lieb. Aber er sah, dass die Herrin des Todes zu Häupten der schönen Prinzessin stand. Da wusste er sich keinen Rat. Lange dachte er nach, wie da zu helfen wäre. Endlich kam ihm der rettende Gedanke: Er ließ vier starke Männer kommen, und diese mussten das Bett mit der Prinzessin drehen, sodass die Herrin des Todes nun zu den Füßen stand.

So kam es, dass die Königstochter wieder zu Kräften kam und gesund wurde. Wie er es versprochen hatte, gab der König seine Tochter dem jungen Arzt zur Frau. Noch dazu überhäufte er ihn mit Schätzen. Das Paar lebte sehr glücklich.

Die Herrin des Todes aber, die getäuscht worden war, ließ ihren Patensohn zu sich rufen und nahm ihn mit in ihr unterirdisches Gewölbe. Dort, in jenem Gewölbe befinden sich die Lebenslichter aller Menschen. Der junge Arzt sah all die brennenden Kerzen. Die Herrin des Todes sprach: »Ich verzeih dir, denn es war die Liebe, die dich bewog, mich zu überlisten. Aber wenn du es noch einmal wagst, so werde ich dich wieder in mein Reich unter der Erde mitnehmen, dieses Mal aber wirst du dann sterben.«

Lange Jahre lebte der Arzt glücklich an der Seite der schönen Königstochter. Eines Tages aber wurde der König schwer krank. Er ließ seinen Schwiegersohn, den Arzt, kommen. Dieser sah, dass die Herrin des Todes am Kopfende des Lagers stand. Weil er aber seinen Schwiegervater retten wollte, achtete er die Worte seiner Patin nicht und ließ das Bett in gleicher Weise drehen, wie er es einst bei seiner Frau getan hatte. Da genas der König und gab dem Arzt die höchsten Ehren.

Die Herrin des Todes aber holte ihren Patensohn noch am selben Tage ab und führte ihn in ihr unterirdisches Reich. Sie sprach zu ihm: »Du hast dein Versprechen nicht gehalten und hast meine Güte missbraucht. Siehst du die Kerze, die fast abgebrannt ist? Dies ist dein Lebenslicht.«

Im selben Augenblick flackerte die Kerze ein letztes Mal auf und erlosch. Da musste der Arzt sterben. Wenn er auch reich und mächtig war, wenn er auch der Patensohn der Herrin des Todes war, so half ihm das doch alles nichts. Und so nimmt die Herrin des Todes alle Menschen zu sich, bis auf den heutigen Tag.

Übersetzt von Sigrid Früh

Bei diesem Märchen gibt es einige Veränderungen gegenüber der Version der *Brüder Grimm*. Die wichtigste wird schon in der Überschrift deutlich: Der Tod ist eine Frau. Dies nimmt dem Tod den Aspekt der männlichen Macht. Die Frau strahlt mütterliche Geborgenheit aus, aber auch sie verändert die letzten Spielregeln des Lebens nicht. Der Tod kommt. Für unseren Zusammenhang verdeutlicht das Märchen vier Aspekte:

❶ Wer den Tod anschaut, wird leben

Das Patenkind erkennt genau, wer sterben muss und wer leben kann. Steht der Tod am Fußende des Bettes, und der Patient sieht ihn an, wird der Kranke leben. Wer den Tod nicht anschaut (der Tod steht schon hinter dem Menschen – welch Doppelsinnigkeit), wird sterben. Das Hinschauen des Menschen, das Betrachten des Todes verhilft zum Leben. Dieses Märchen enthält also die Einladung, im Leben dem Tod gegenüberzutreten. Wir leben oft so, als ob der Tod nicht existiere. Er wird verdrängt oder aus dem Leben ausgeklammert. In Wirklichkeit steht er – wie im Märchen – schon lange bei uns.

❷ Wer liebt, kann die Bedingungen (manchmal) verändern

Das Patenkind dreht bei seiner großen Liebe das Bett um. Der Tod kann nun angeschaut werden. Auch hier ist spannend, dass der Mensch gesund wird und leben kann, wenn er dem Tod ins Gesicht sieht. Die Sterbebegleitung, die das Patenkind der Herrin des Todes (also der Arzt) übernimmt, konfrontiert den geliebten Menschen mit dem Tod, und dies wirkt sich heilsam aus. Wenn wir diese Situation einmal übertragen, bedeutet dies, dass wir auch geliebten Menschen das Wissen über Sterben und Tod zumuten dürfen und sollen. Die Liebe vertraut, hofft und verändert.

3 Der Begleitende lernt, den Tod wahrzunehmen

Was in diesem Märchen geschieht, erachten wir vielleicht als selbstverständlich. Das Patenkind, sprich der Arzt, muss den Menschen anschauen und den Tod wahrnehmen. Beides will gelernt und gewagt werden. In unserem Alltag ist dies keine durchgehende, allerdings eine mögliche Praxis. Mir ist es oft so gegangen, dass ich den Tod im Zimmer antraf. Dies war kein Sehen des Todes am Bett, sondern ein Wahrnehmen des Todes in Raum und Zeit, sprich im Gesicht des Menschen oder in der entsprechenden Atmosphäre im Raum. Viele Ärzte, viele Krankenschwestern, viele Begleiterinnen im Hospiz können von ähnlichen Erfahrungen berichten. Der Tod hat seine eigene Atmosphäre. Als meine Mutter starb, wies uns eine vertraute Schwester mit ihrer Kompetenz und ihrer Erfahrung auf den nahen Tod hin. Und sie hatte Recht. Uns half dies im Abschied.

4 Kein Mensch kann dem Tod entkommen

Der Tod lässt sich nicht austricksen. Weder mit Geld für die beste medizinische Behandlung noch mit Frömmigkeit, die alles tut was Gott vermeintlich will, noch mit der Verpflichtung gegenüber anderen Menschen. Der Patensohn fühlte sich vielleicht dem König verpflichtet, vielleicht war er ihm auch innerlich sehr verbunden und dankbar. Er wollte ihn vor dem Tod bewahren, er wollte ihn nicht gehen lassen und konnte ihn nicht freigegeben. Vielleicht wollte er auch seiner Frau einen Gefallen tun. Wer weiß? Aber der Tod kommt, unweigerlich, und erreicht jeden.

Sterben ist einmalig

Es gibt zwei Fragen, die zum Sterben immer wieder gestellt werden: Wie ist das Sterben? Wie wird mein Sterben sein? Die beiden Fragen sind ähnlich und werden von Menschen jeden Alters gestellt. Natürlich spitzen sich diese beiden Fragen in einer akuten Situation zu. Doch es gibt dazu nur eine Antwort: Sterben ist einmalig, ganz im Sinne des Wortes. Jeder Mensch stirbt einmal. Darüber hinaus ist jedes Sterben eines Menschen in seiner Art und Weise einmalig. Jedes Sterben ist einzigartig. Manchmal ähnelt sich etwas, im Grunde genommen lässt sich aber keine Art und Weise des Sterbens vorhersagen. Ich habe Menschen erlebt, da dachte ich, sie sterben in Frieden und völliger Gelassenheit, und dann war es ein schweres Sterben voller Kampf und Festhalten. Bei anderen Menschen erwartete ich eher diesen Kampf, und sie starben in Frieden und tiefer Stille.

Diese Erfahrung »Sterben ist einmalig und höchst individuell« gilt ganz unabhängig vom Glauben und vom Vertrauen zu Gott; sie gilt unabhängig von einer langen Meditationspraxis, und erst recht ist sie unabhängig von jedem Alter.

Dabei ist es wichtig, das eigentliche Sterben von den Sterbemöglichkeiten, die es im Leben immer wieder geben kann, zu unterscheiden. So können schwere Verletzungen durch Unfälle, Krankheiten wie Herzinfarkte, schwere Lungenentzündungen, Folgen von Thrombosen und Ähnliches mehr an den Rand des Todes führen. Dank der Fortschritte in der Medizin, aber auch aufgrund der inneren Kraft des vom Tode Bedrohten kann sich dies aber auch noch einmal wenden und der Mensch ins Leben zurückfinden.

So haben wir es erfahren, als meine Mutter nach einem Unfall im Sterben lag (→ Seite 46 ff.). Als wir bei ihr im Krankenhaus waren, rüttelte eine der Enkelinnen ganz erschüttert und heftig an ihrem Bett und rief: »Du darfst noch nicht sterben, du musst doch bei meinem Fest dabei sein.« Die Botschaft erreichte sie. Sie war mit einem Schlag hellwach und schaute ihre Familie an. Gegen alle Wahrscheinlichkeit gesundete sie. Von dieser Frau gibt es noch einen zweiten Bericht. Ein halbes Jahr bevor sie in aller Stille und in tiefem Frieden wirklich starb, drohte sie zu ersticken. Sie wurde ins Krankenhaus eingeliefert, und der leitende Chefarzt sagte auf Lateinisch etwas über ihren Zustand.

Vielleicht gebrauchte er das Wort »prämortal«. Die alte Frau konnte Latein, hörte dieses Wort und verstand es anscheinend. Sie zuckte zusammen und machte die Augen auf. Sie erholte sich, stand später wieder auf und lebte noch ein halbes Jahr.

An diesem Beispiel wird deutlich, dass nicht jeder Sterbeprozess zum Tod führt. Menschen können Sterbeerfahrungen machen und dabei nicht sterben. Manche von ihnen haben in eindrucksvollen Berichten ihre Nahtod-Erfahrungen geschildert (Moody). Sie wussten danach etwas über den Sterbeprozess und konnten es mitteilen, aber über ihr letztes Sterben und den Tod sagte es nichts aus. Sterben ist und bleibt einmalig.

Wann beginnt das Sterben?

Eine weitere Frage, die immer wieder gestellt wird, lautet: »Wann beginnt das Sterben?« Meist ist damit auch eine Altersfrage verbunden: »In welchem Alter beginnt das Sterben?« Manchmal ist auch gemeint: »Kann man erkennen, wann bei einem Menschen der eigentliche Sterbeprozess einsetzt?« Dieser Frage gehen wir weiter unten nach.

Oft steht hinter der Frage: »Wann beginnt das Sterben?«, die Hoffnung, dass man das Leben von dem Sterben abgrenzen kann. Dahinter steht die Erfahrung, dass viele Menschen sich ab Mitte 50 und ab Anfang 60 mit dem Älterwerden beschäftigen. Wer akzeptiert, dass er älter geworden ist, wird sich meist auch mit dem Tod auseinandersetzen oder, als gegenteilige Möglichkeit, versuchen, ihn aus dem Leben herauszuhalten. Dann begegnen uns ältere Menschen, die in Kleidung und Styling nicht älter werden wollen. Die alte Spruch: »Von hinten Lyzeum (Schule), von vorne Museum«, trifft in vielen Fällen zu. Der Mensch will nicht älter werden, um nicht zu sterben.

Dabei beginnt das Sterben eigentlich schon vor der Geburt (→ Seite 28 ff.). Mit dem Geborenwerden gehen wir stetig auf den Tod zu. Das gilt für uns alle und ganz allgemein. Aber auch konkret kann uns der Tod jederzeit treffen. Viele Menschen haben Angst, nicht alt zu werden, etwas vom Leben zu verpassen. Dabei kann die Angst so lähmen, dass sie das Leben heute wirklich verpassen. Wer sich bewusst ist, dass allein durch unsere Umwelt, durch die Teilnahme am Straßenverkehr oder durch andere äußere und innere Faktoren der Tod jederzeit möglich ist, lernt den Tag schätzen. Die Zahl der Tage oder Jahre sagt nichts aus über unsere Lebensqualität.

Dag Hammarskjöld sagt in seinem Tagebuch: »Noch einige Jahre, und dann? Das Leben hat nur Wert durch seinen Inhalt – für andere. Mein Leben ohne Wert für andere ist schlimmer als der Tod.«

Trotzdem trifft es uns immer wieder besonders, wenn ein Mensch *vor der Zeit* gehen muss, vor allem wenn es noch ein Kind ist. Doch auch hier liegt der Wert des Lebens nicht in den gelebten Jahren. Natürlich muss ein Kind nicht wissen, dass es sterben kann. Es drängt nach außen und will die Welt erkunden, sich seinen Platz suchen, sich entwickeln und sich die Zukunft vorstellen. Dies ist die eine Seite. Auf der anderen Seite aber sind Kinder *schrecklich* realistisch. Meine Erfahrungen mit todkranken Kindern zeigen, dass die Kinder – egal wie die Eltern sich verhielten – von ihrem nahen Tod wussten.

Eine Geschichte beschreibt dies:

Einmal noch will ich den Sonnenaufgang fangen

Werner war zehn Jahre alt. Er hatte Krebs. Schon ein paar Mal war er für mehrere Wochen in der Klinik gewesen. Er bekam Spritzen, ihm fielen die Haare aus, er hatte Schmerzen, Angst und Hoffnung. Er fühlte sich allein, auch wenn er von seinen Eltern Besuch hatte.

Er hörte den Ärzten zu, wenn sie ihm erzählten, was sie tun wollten. Er tat nichts, was er nicht tun sollte. Schon lang spielte er nicht mehr Fußball, dabei war er vor einem halben Jahr noch der beste Stürmer seiner Mannschaft gewesen. Er wollte gesund werden und fühlte sich immer schwächer. Seine Ärztin tröstete ihn: »Halte durch, wir können es schaffen!« Aus seiner Klasse kamen ihn hin und wieder Kinder besuchen. Manche Kinder durften auch nicht kommen, sie sollten *das Elend* nicht sehen. »Ich bin kein Elend«, dachte Werner dann, manchmal wurde er richtig wütend. Seit gestern war er wieder in der Klinik. »Die Werte waren nicht gut«, hatten sie gesagt.

Er wollte raus hier, nur ein bisschen spazieren gehen. Leise verließ er das Krankenhaus, er kannte sich aus. Er hatte sein ganzes Geld dabei. Niemand achtete am Hinterausgang des Kinderkrankenhauses auf den Jungen. Still und leise verschwand er. Er lief die Straße entlang und stieg in den Bus, der gerade ankam. Werner sah alles an sich vorbeiziehen ... So sah er den Bahnhof und stieg aus.

Jetzt wusste er, was er wirklich wollte: Er wollte das Meer sehen, den Sonnenuntergang am Meer. Zu Opa wollte er reisen und allein ans Meer gehen. Es war toll dort. Langsam ging abends rot die Sonne unter, bis sie am nächsten Morgen wieder aufging. Noch nie war er so lang wach geblieben, er wollte jetzt die ganze dunkle Nacht wachen und dem Mond zusehen.

Am Schalter holte er eine Viertel-Kinderkarte, wer noch zwei Schwestern hat, reist billiger. Sein Geld reichte. »Einmal Grömitz – erst Zug – dann Bus«, hatte er gesagt.

Der Beamte lächelte: »Du weißt ja Bescheid. Fährst du ganz allein?« Werner zögerte nicht: »Nein! Ich wollte nur die Karte selbst kaufen.« Und leise sagte er: »Können Sie mir den Bahnsteig und den nächsten durchgehenden Zug sagen, dann weiß ich genauso viel wie die anderen?«

Wie zwei Verschwörer tauschten sich die beiden aus. Werner ergatterte einen Fensterplatz und ließ die Landschaft an sich vorüberziehen. Es reichte gerade noch für den letzten Bus nach Grömitz.

Die Fahrerin weckte den Jungen an der letzten Station: »Sag mal, wer holt dich denn ab?«

Werner erschrak und stotterte: »Mein Opa – Telefon 7890.« Die Fahrerin benachrichtigte die Zentrale per Funk. Sie nahm den Jungen – so groß er schon war – in den Arm und wartete. Opa kam allein. Das war gut. Opa war schon alt, bald 70 Jahre, aber er war stark wie ein Bär.

Werner sah klein aus in seinen Armen, und die Arme waren fest und sicher. »Junge, was machst du denn allein hier?«, hörte Werner jemand sagen. Die Stimme war leise und brüchig. Werner staunte und sah Großvater an: »Ich wollte den Sonnenuntergang an deinem Meer sehen – einmal noch – auf unserem Platz. Und den Sonnenaufgang will ich fangen – ganz allein.«

Opa schaute Werner in die Augen, und Werner sah in Opas Augen Tränen. Werner drückte sich fest an ihn: »Du musst nicht um mich weinen, ich lebe noch ewig.«

Opa atmete tief aus.

Werner sah den feinen Atemhauch weiß in der Abendluft unter der Laterne. Und der Atemhauch löste sich auf. »So wie dem Atem geht es mir auch mal, Opa. Ich werde immer weniger. Aber das ist nicht schlimm. Ich habe keine Angst.«

Opa schluckte und sah Werner wieder ins Gesicht: »Ich bin über jeden Tag froh, den du lebst.«

»Na klar, Opa – und morgen fange ich die Sonne. Sei nicht traurig – der Tod ist mein bester Freund. Manchmal spricht er abends mit mir. Aber verrate es nicht Mama, Papa, Oma, Kristin und Birgit. Das ist mein Geheimnis.«

Sterben geschieht mitten im Leben. Sterben ist altersunabhängig und jederzeit möglich. Dies vergessen wir verständlicherweise gern, weil wir leben möchten. Aber es gilt die alte Weisheit: Das einzig Selbstverständliche ist der Tod.

Der römische Brunnen

Aufsteigt der Strahl, und fallend gießt
er voll der Marmorschale Rund,
die, sich verschleiernd, überfließt
in einer zweiten Schale Grund;
die zweite gibt, sie wird zu reich,
der dritten wallend ihre Flut,
und jede nimmt und gibt zugleich
und strömt und ruht.

Conrad Ferdinand Meyer

Medizinisch das Sterben begleiten

Medizinische Erkenntnisse der letzten Jahre zum Sterben

In den letzten Jahren haben sich neue und alte Erkenntnisse der Medizin zum Sterben langsam, aber sicher durchgesetzt. Vor über 20 Jahren, in meiner Zeit als Gemeindepfarrer, begegneten mir in den Gesprächen mit Krankenschwestern, Krankenpflegern und Ärzten oft noch Hinweise auf medizinische Notwendigkeiten, die heute als überholt oder gar falsch gelten.

Ein Arzt und Psychotherapeut verdeutlicht einige dieser neueren Erkenntnisse aus eigener Erfahrung:

Das medizinische Wissen heute

Raimund Hillebrand

Im Jahr 2012 starben innerhalb weniger Monate meine beiden Eltern. Mein Vater starb mit 81 Jahren an den Folgen einer rasch voranschreitenden Demenz. Meine Mutter war 73 Jahre alt, als sie kurz nach meinem Vater an einer Krebserkrankung verstarb, gegen die sie über mehrere Jahre angekämpft hatte.

Im Folgenden will ich versuchen, einige Erfahrungen aus dieser Zeit und das, was an medizinischem Wissen derzeit verfügbar ist, in einem kurzen Überblick zusammenzuführen. Dies ermöglicht das Verständnis für den körperlichen Prozess des Sterbens und kann dabei helfen, sich mit den Erfahrungen und den Entscheidungen, die in einer solchen Situation entstehen, auf andere Weise auseinanderzusetzen.

Es handelt sich jedoch nur um eine kurze Darstellung. Wer sich mit den medizinischen Aspekten ausführlicher befassen möchte, dem seien die Bücher von *Gian Domenico Borasio* oder *Michael de Ridder* empfohlen.

Am Anfang des Sterbens

Wann fängt das eigentliche Sterben an? In den siebziger und achtziger Jahren des 20. Jahrhunderts wurde im Zusammenhang mit der Diskussion der gesetzlichen Regelungen der Abtreibung ausführlich darüber debattiert, wann das Leben beginnt. Mit der Geburt? Mit der Befruchtung der Eizelle? Mit der Einnistung der Eizelle in die Gebärmutter? Damals wurde schließlich mit der Fristenlösung ein Kompromiss gefunden, der dennoch nach wie vor Anlass zu Diskussionen gibt. Auch die

Frage, wann ein Mensch als tot angesehen werden kann, gab und gibt Anlass zu Auseinandersetzungen sowohl im Rahmen der Transplantationsgesetzgebung als auch bei der Frage nach dem Umgang mit Menschen, die aufgrund schwerer Erkrankungen keine erkennbaren Lebensäußerungen mehr zeigen.

Aber wann beginnt das Sterben? Wann setzt der Prozess ein, an dessen Ende der Mensch für uns nicht mehr erreichbar ist, weil alle Vorgänge im Körper des Menschen zum Stillstand gekommen sind?

Als mein Vater Ende 2011 immer deutlichere Zeichen von Vergesslichkeit, Verwirrtheit und Unruhe zeigte und es schließlich zu einem Zustand kam, der zu Hause nicht mehr zu bewältigen war, blieb uns zunächst nichts anderes übrig, als ihn in einer geronto-psychiatrischen Klinik unterzubringen, auch in der Hoffnung, dass sein Zustand sich dort positiv beeinflussen ließe. Die folgenden Wochen waren geprägt von zum Teil hektischen Planungen. Zuerst dachten wir, die Versorgung des Vaters mithilfe eines Pflegedienstes zu Hause im gewohnten Umfeld leisten zu können. Wir nahmen Kontakt zu Krankenkassen und Pflegediensten auf. Dann, als der Zustand sich eher verschlechterte als verbesserte, die Einsicht in die Notwendigkeit der Unterbringung in einem Heim. Neue Kontakte wurden hergestellt, Heime angesehen: Welches ist geeignet, welches scheint uns weniger gut geeignet. Doch kaum schien hier eine Lösung in Sicht, kam es zu einer erneuten Verschlechterung des Gesundheitszustandes. Mein Vater wollte nicht mehr essen, nahm allenfalls noch kleinste Mengen zu sich. Neue Überlegungen waren nötig: Soll der Vater eine Magensonde bekommen, künstlich ernährt werden. Lässt sich so *sein Leben retten*? Wir hatten uns, genau wie unsere Eltern, mit diesen Fragen nicht beschäftigt, keine Vorsorge getroffen. Schnell stand die Aussage im Raum: »Wir können ihn doch nicht verhungern lassen!«

Nach vielen Diskussionen, in denen wir Geschwister uns noch einmal sehr nahe kamen, konnten wir uns schließlich dazu durchringen, die Nahrungsverweigerung unseres Vaters, auch wenn er dement zu sein schien, als seine Willensäußerung anzusehen und zu respektieren. Ab diesem Zeitpunkt war uns allerdings klar, dass jetzt das Leben unseres Vaters zu Ende gehen würde.

Im Gegensatz dazu konnte meine Mutter wenige Monate später, nachdem alle Chemotherapien den Krebs in ihrem Körper nicht mehr aufhalten konnten, sehr bewusst sagen: »Ich kann nicht mehr, und ich will nicht mehr.« Das Sterben begann mit der Entscheidung, nicht mehr gegen die Krankheit ankämpfen zu wollen, sondern sie in ihrer Unvermeidlichkeit anzunehmen.

Wir wissen heute aus der medizinischen Forschung, dass der Tod uns schon vom frühesten Beginn unseres Lebens an begleitet, als ein heimliches, stilles Phänomen, das wir mit unserem Bewusstsein nicht wahrnehmen können. Schon bald nachdem unser Köper anfängt, sich aus der Verschmelzung von Ei- und Samenzelle zu entwickeln, sterben das erste Mal Zellen in diesem sich bildenden Körper ab. Dieser kleine Tod in uns ist zunächst ein wichtiger Prozess, um das Leben überhaupt möglich zu machen. Die Zellen, die absterben, machen Platz für andere, und so formt sich der Köper mit seinen Organen, die in einem komplexen Zusammenspiel ineinandergreifen. Ohne ein Gleichgewicht von Zellwachstum und Zelltod wäre das Leben kaum denkbar.

Das Gleichgewicht von Wachstum und Zugrundegehen der Zellen ist in einem ständigen Fluss. So ist es dem Körper auch möglich, sich an Umweltbedingungen anzupassen und auf Krankheiten zu reagieren. Gleichzeitig ist aber auch ein Verlauf zu beobachten, der – vereinfacht gesagt – darauf hinausläuft, dass in der Anfangsphase des Lebens, dem Wachstum, das Gleichgewicht verschoben ist zugunsten des Aufbaus und der Differenzierung des Körpers, während später der Abbau von Zellen schneller vonstattengeht als deren Bildung. Ab einem Zeitpunkt, den wir heute noch nicht exakt definieren können, nimmt der Zelltod in einem oder mehreren Organen schließlich so überhand, dass diese ihre Funktion nicht mehr ausreichend wahrnehmen können, ohne dass dafür eine Erkrankung vorliegen muss, die diesen Abbau erklären würde. Insbesondere, wenn lebenswichtige Organe wie Herz, Leber, Niere oder das Gehirn betroffen sind, tritt schließlich ein Zustand ein, in dem das Zusammenspiel aller Körperfunktionen nicht mehr möglich ist und an dessen Ende der Stillstand aller Funktionen steht. Schwerwiegende Erkrankungen wie Infektionen oder Störungen der Blutzirkulation können diesen natürlichen Prozess zu jeder Zeit des Lebens beschleunigen.

Der Prozess des Sterbens

Zu wissen, dass das Leben zu Ende geht, dass das Sterben beginnt, ist traurig und erleichternd zugleich, und nicht immer ist einem diese Gewissheit gegeben. Ein Jahr bevor meine Mutter starb, war als Reaktion auf eine neue Chemotherapie ein Zustand erreicht, in dem meine Mutter nur noch völlig entkräftet im Bett liegen konnte und auf Pflege angewiesen war. Wir wussten nicht, woran wir waren. Würde sie diese Schwäche, diese völlige Teilnahmslosigkeit, die wie eine Agonie wirkte, überstehen, oder lief es auf das Ende hinaus? Nach drei Wochen Bettlägerigkeit erholte sich meine Mutter wieder, sodass sie sogar einige Monate später noch einmal einen Urlaub an ihrem Lieblingsort antreten und genießen konnte. Sowohl meine Mutter als auch wir, die wir *mit dem Schlimmsten gerechnet* hatten, brauchten einige Zeit, um zu begreifen, dass sie noch einmal *mit dem Leben davongekommen* war.

Dieses Beispiel zeigt auch, dass es nicht möglich ist, den Prozess, der sich gerade vollzieht, vorherzusehen. Kein Arzt kann sagen, wann ein Verlauf nicht mehr umkehrbar ist. Ein erfahrener Arzt wird sich nicht festlegen, wenn er gefragt wird: »Wie lang dauert es noch?« Es gibt kaum verlässliche Anhaltspunkte dafür, was der Körper eines Menschen alles aushält. Laborwerte, die mit dem Leben kaum vereinbar erscheinen, Wochen ohne Nahrung, Metastasen in den lebenswichtigen Organen sagen vielleicht aus, dass ein Mensch sterben wird, aber es ist nicht möglich, vorherzusagen, wann das sein wird.

Menschen, die dem Tod nahe sind, haben heute die Möglichkeit, auf eine Weise medizinisch versorgt zu werden, die dem Prozess des Sterbens einen Teil seines Schreckens und seiner Belastungen nehmen kann.

Insbesondere die medikamentöse Behandlung von Schmerzen ist in einer so differenzierten und individuellen Weise möglich, dass niemand mehr Qualen aushalten muss. Von den einfachen Schmerzmedikamenten, die jeder aus der Behandlung von Kopfschmerzen kennt, bis hin zu hoch wirksamen Opiaten können Ärzte aus einer großen Zahl an Wirkstoffen auswählen. Das 3-Stufen-Schema der WHO bietet dabei eine Orientierung, nach der vorgegangen werden sollte. Wirkstoff und Dosis der Medikation werden nach einer festgelegten Vorgehensweise gesteigert, mit dem Ziel, am Ende Schmerzfreiheit zu erreichen. Dabei können Medikamente aus anderen Wirkbereichen – wie Antidepressiva, Anxiolytika (angstlösende Medikamente) oder Cortisonpräparate – zusätzliche Unterstützung geben, je nachdem, wie sich der Zustand eines Sterbenden entwickelt.

Zu den Symptomen, die über die Schmerzen hinaus den Zustand des Sterbenden erschweren und zu unnötigem Leiden führen, gehören Atemnot, Angst und andere neuropsychiatrische Symptome wie Verwirrtheit und Unruhe. Auch hier können Medikamente, wenn sie überlegt eingesetzt werden, Linderung verschaffen, ohne dass der Betroffene zu sehr in seiner Wachheit beeinträchtigt würde. Erfahrene Palliativmediziner und Pflegedienste sind in der Lage, eine Behandlung im Sinne des Patienten zu gewährleisten. Es ist wichtig, sich dort Hilfe zu holen, da es weder für den Sterbenden noch die Angehörigen gut ist, wenn diese sich im Glauben, alles selbst bewältigen zu können, zu viel zumuten.

Von denen, die den Sterbenden begleiten, seien es die Angehörigen, die Pflegenden oder die Ärzte, erfordert es ein hohes Maß an Feinfühligkeit, um den Zustand des Menschen am Ende seines Lebens so aufmerksam wie möglich erfassen zu können. Wahrnehmen, was ist: die Mimik und Gestik, die Atmung, die Körpersprache erfassen und beschreiben können, ohne daraus schon Interpretationen abzuleiten. Aus der Beschreibung kann sich dann in der Kommunikation unter den Berufsgruppen und den Angehörigen die Schlussfolgerung entwickeln, an deren Ende die Behandlung steht. Die Menschen im Umkreis des Sterbenden sind herausgefordert, sich miteinander – und wenn es möglich ist – mit dem Sterbenden auszutauschen. Das ist schwieriger, als es sich hier liest. Die Betroffenheit der Angehörigen, der Arbeitsdruck unter dem die Pflegenden und die Ärzte stehen, erschweren die Kommunikation oft. Die Herausforderung liegt darin, für einen Augenblick das Eigene zurückstellen zu können: Die Angst oder auch die Wut, die man als Angehöriger empfindet, die Überforderung und Belastung auf der Seite der professionellen Helfer.

Selbst wenn die Kommunikation gelingt, bleiben viele Entscheidungen, die getroffen werden müssen, schwierig. Dazu gehören vor allem die, die sich mit den Möglichkeiten lebensverlängernder Maßnahmen befassen. Sehr häufig geht es dabei um die Frage nach der Nahrungs- und Flüssigkeitsaufnahme. Die Begriffe *Verhungern* und *Verdursten* stehen dann schnell im Raum und damit die eigenen Vorstellungen, die man als Gesunder davon hat, wie es ist, wenn man nicht genug zu essen und zu trinken bekommt. Die Maßstäbe eines gesunden Menschen lassen sich allerdings nicht einfach auf einen Sterbenden übertragen. Der Stoffwechsel eines Menschen am Ende seines Lebens ist ganz anders ausgerichtet, als von einem, der noch in allen Lebensprozessen steht. Man spricht beim Sterbenden von einer katabolen Stoffwechsellage, d.h., dass der Stoffwechsel sich auf einen Abbau der eigenen Körpersubstanz eingerichtet hat und damit grundsätzlich anders funktioniert als der anabole, aufbauende Stoffwechsel eines Gesunden. Einem Sterbenden Nahrung und Flüssigkeit zuzuführen wie einem Menschen in der Mitte seines Lebens, belastet ihn und wird subjektiv als unangenehm erlebt. Der Körper kann in diesem Zustand mit den normalen Mengen nichts mehr anfangen. Daher ist auch die Nahrungs- und Flüssigkeitszufuhr durch eine Magensonde nicht angemessen.

In den letzten Wochen, als mein Vater zu Hause war und es für uns Außenstehende klar war, dass er sterben würde, kam es immer wieder vor, dass er sagte: «Jetzt hätte ich gern eine schöne Flasche Bier.« Wenn dann einer von uns das Bier geholt und ihm ein Glas eingeschenkt hatte, trank er vorsichtig ein oder zwei Schlucke. Dann seufzte er verzückt und stöhnte vor Vergnügen: »Das war gut!«, und dann war es gut. Mehr wollte er nicht, nur diesen Schluck, diesen Geschmack. Durch nichts hätten wir ihn dazu gebracht, mehr zu trinken. Es ging nicht mehr um die Menge, es ging um das Erlebnis, das er noch einmal haben wollte.

Insbesondere wenn die Flüssigkeitszufuhr nicht mehr möglich ist, weil der Sterbende zu schwach zum Schlucken ist, sollte man nicht versuchen, ihn zum Trinken zu animieren. Die Gefahr des Verschluckens und damit des Eindringens von Flüssigkeit in die Lunge ist zu groß. Dennoch ist es unbedingt wichtig, durch eine konsequente Mundpflege dafür zu sorgen, dass die Schleimhäute feucht sind und sich keine Beläge bilden. Das Auswischen des Mundes mit Wasser oder Tee oder auch mit Eis, das man selbst im Gefrierfach aus Wasser in einem schmalen Glas an einem Holzstiel herstellen kann, erleichtert den Zustand sehr, weil dadurch kein Durstgefühl entstehen kann.

Ebenso bedeutend ist die Lagerung, die dafür sorgen sollte, dass der Betroffene sich wohlfühlt und dass keine Druckstellen entstehen. Wechseldruckmatratzen und verstellbare Pflegebetten erleichtern es, öfter die Position zu ändern. Nicht jedes Mal muss aber die Lage vollständig verändert werden. So wie wir manchmal nur ein wenig unsere Position auf einem Stuhl verändern, um wieder bequem zu sitzen, reicht es oft aus, Beine, Arme oder Kopf nur ein paar Zentimeter zu bewegen und durch diese kleine Veränderung dem Kranken wieder eine positivere Wahrnehmung zu ermöglichen.

Medizinische Hintergrundinformationen

Den folgenden Hinweisen liegen die beiden bereits erwähnten Bücher von *Michael de Ridder*: »Wie wir sterben wollen« und *Gian Domenico Borasio*: »Über das Sterben« zu Grunde, in denen die jeweiligen Themen aktuell und ausführlich dargestellt werden. Die Seitenangaben beziehen sich auf die jeweiligen Kapitel, in denen das Thema ausführlich behandelt wird.

Sterben als natürlicher Prozess betrifft den ganzen Menschen mit Leib, Seele und Geist. Jede medizinische Intervention muss den ganzen Menschen und sein Wohl im Blick haben.

Der **Wille des Patienten** steht über dem medizinisch Machbaren: Nach dem *Patientenverfügungsgesetz* vom 1. September 2009 ist die Autonomie des Patienten und seine Entscheidungen hinsichtlich seiner medizinischen Behandlung bindend, selbst wenn er sich damit schadet (→ *de Ridder*, Seite 181).

Der Wille des Patienten kann in einer **Patientenverfügung** verbindlich festgelegt werden, aber auch *mündlich neu formuliert* werden oder aus der *vertrauenswürdigen Wiedergabe* des Willens des Patienten bestehen, wie er sich zu Zeiten, als er bei vollem Bewusstsein war, darüber geäußert hat (→ *de Ridder*, Seite 201–205; → *Borasio*, Seite 140 ff.; → hier im Buch, Seite 37 ff., 145 ff.).

An dieser Willensäußerung muss sich jede Begleitung, auch die der Angehörigen und ehrenamtlichen Begleiter, orientieren.

Der Übergang von der kurativen zur palliativen Behandlung

Ethische Begleitung zum Wohle des Patienten muss erkennen, wann eine auf Heilung angelegte (kurative) Behandlung und/oder lebensverlängernde Maßnahmen dem Patienten nicht mehr dienen. Im Gegensatz zu dem immer noch häufig zu hörenden Satz: »Leider können wir nichts mehr für sie tun«, ist die Medizin auch dann noch gefragt, wenn keine Aussicht auf Heilung mehr besteht.

Die Palliativmedizin (→ *Borasio*, Seite 51 ff. und Seite 176 ff.; zur aktuellen Situation → *de Ridder*, Seite 232 ff.) hat zusammen mit der Hospizbewegung erst seit den 70er-/80er-Jahren des letzten Jahrhunderts ihre Aufgabe darin gefunden, Sterben als natürlichen Lebensabschnitt anzusehen, dessen Probleme so weit wie möglich auch medizinisch zu begleiten und zu lindern sind. Der Arzt, der den bevorstehenden Tod akzeptiert, kann mit medizinischen Mitteln ein schmerzfreies, angstfreies und so lange wie möglich bewusstes Leben und Sterben ermöglichen (→ *Borasio*, Seite 67 ff.; *de Ridder*, Seite 97 ff.). Dazu gehört auch **der sinnvolle und gut dosierte Einsatz von Morphinen**, vor allem bei Schmerzen und Atemnot (→ *Borasio*, Seite 132 ff.; *de Ridder*, Seite 232). Studien belegen, dass eine individuell angepasste Dosierung auch von stärksten Schmerzmitteln nicht Leben verkürzend, sondern eher Leben verlängernd wirkt (→ *Borasio*, Seite 163 f.).

Homöopathische Heilmittel und andere Hilfen aus der **Alternativmedizin** können helfen, den Sterbeprozess zu begleiten und z. B. den Einsatz von Morphinen und Psychopharmaka herauszuschieben und zu mindern (→ *Gisela Holle; Dr. Annette Prollius; Gudrun Huber/ Christina Casagrande*).

Die **allgemeine palliative medizinische Begleitung** kann stationär auf Palliativstationen oder im Hospiz oder auch durch ein entsprechend weitergebildetes Netzwerk (Hausarzt, Facharzt, Pflegeeinrichtung, psychologische und seelsorgerliche Betreuung u. Ä.) ambulant geschehen. »Die allermeisten Sterbevorgänge (die Schätzungen gehen bis zu 90 %) könnten mit Begleitung von geschulten Hausärzten und gegebenenfalls Hospizhelfern problemlos zu Hause stattfinden« (→ *Borasio*, Seite 25).

Seit 2007 besteht bei den Krankenkassen ein Recht auf eine spezialisierte, ambulante Palliativversorgung (SAPV, → *de Ridder*, Seite 232), allerdings nur für die Patienten, die »hinsichtlich ihrer Krankheitsschwere und des Betreuungsaufwandes« einen besonderen Betreuungsbedarf haben (→ *Borasio*, Seite 42 ff. und Seite 199, Anmerkung 3.3).

Ein allmählicher **Verzicht auf feste Nahrung und ein Nachlassen des Durstgefühls** gehören ebenso wie das zeitweise Wegdämmern und zunehmende Schwäche zum natürlichen Sterbeprozes. Der Satz: »Man kann doch niemand verhungern und verdursten lassen«, gilt nicht für Sterbende. Ein Sterbender, der die Aufnahme von Nahrung und Flüssigkeiten immer mehr einschränkt, erleichtert intuitiv oder bewusst seinen Sterbeprozess.

Umgekehrt erschwert eine dauerhafte Zufuhr von

Nahrung über eine Sonde (PEG) das Sterben und führt zu erschwerenden Nebenwirkungen, ohne die Lebenszeit zu verlängern (→ *Borasio*, Seite 107 ff.; *de Ridder*, Seite 61 ff.).

Die wichtigste Nahrung am Lebensende ist menschliche Nähe und Fürsorge, was der Mensch dann noch braucht, sollte ihm auf natürlichem Weg gegeben werden, da so zusätzlich sein Bedürfnis nach Begleitung, sozialem Kontakt und Zuwendung erfüllt wird.

Wann ist ein Mensch tot? »Der Eintritt des Todes ist kein Moment, sondern ein Prozess« (→ *de Ridder*, Seite 47 ff.). Der Tod kann durch das Versagen unterschiedlichster Organe oder einer Kombination daraus eintreten (→ *Borasio*, Seite 15 ff.), was im Alter ein natürlicher Vorgang ist, der keiner vorangehenden Krankheit bedarf.

Die Medizin kennt verschiedene Anzeichen, die den Tod eines Menschen bestätigen: den Herz-Kreislauf-Tod, den Atemstillstand, den Hirntod, die Leichenstarre, die Totenflecke. Aufgrund der in den letzten Jahren enorm gewachsenen medizinisch-technischen Möglichkeiten sind Herz- und Atemstillstand dann nicht mehr aussagekräftig, wenn der Körper mittels Maschinen »am Leben gehalten« wird. Dann gilt der vollständige **Ausfall jeglicher Hirntätigkeit (Hirntod)** (→ *Borasio*, Seite 20 ff.; *de Ridder*, Seite 48 ff.) als Zeichen des eingetretenen Todes. Dies ist wichtig als Voraussetzung zur Organentnahme bei Organspenden. So weit die momentane wissenschaftlich anerkannte Definition. Manche Ansichten sehen im Hirntod noch nicht den endgültigen Abschluss des Sterbeprozesses. Erst wenn der Körper erkaltet ist, die Leichenstarre eingetreten oder Totenflecke sichtbar sind, ist für sie die Trennung von Körper und Seele vollzogen.

Rechtliche und ethische Probleme am Lebensende

Bärbel Trautwein

Zur Palliativmedizin

Der Palliativmedizin und der Hospizbewegung ist es zu verdanken, dass das Thema Sterben immer stärker in das öffentliche Bewusstsein rückt. Neben der Anforderung, Schmerzen und belastende Symptome zu lindern, sehen Palliativmedizin und Hospizbewegung ihre Aufgabe darin, das Sterben als untrennbaren Teil des Lebens zu akzeptieren. Die spirituellen und existenziellen Fragen werden ebenso berücksichtigt, wie die Bedürfnisse des Sterbenden. Der sterbende Mensch mit seinen spezifischen Werten und sozialen Bezügen erfährt eine ganzheitliche Hinwendung.

Palliative Care (der Begriff wurde von *Dr. Balfour Mount*, einem kanadischen Urologen und Onkologen, geprägt; → *Borasio*, Seite 175) bedeutet also einerseits, spezifische Behandlungsmöglichkeiten anzubieten und andererseits auch auf die Mittel und den Wert palliativmedizinischer Betreuung hinzuweisen, wenn die präventive und die kurative Medizin an ihre Grenzen stoßen. Hinzugekommen ist, dass inzwischen das Selbstverständnis der Betroffenen, ihr Wunsch nach Mitwirkung und Selbstbestimmung ein immer stärkeres Gewicht bekommen hat. Palliativmedizin beinhaltet deshalb auch, für die schwierigen Entscheidungen bei sterbenskranken und sterbenden Menschen nicht nur fachliche Beratung anzubieten, sondern Handlungsprinzipien zu finden, die der spezifischen und individuellen Lebenssituation eines Betroffenen in seiner letzten Lebensphase gerecht werden. Und dies sowohl im Hinblick auf die Intentionen und Motivationen als auch auf die Folgen des Handelns. Dafür ist eine patientenorientierte Haltung erforderlich, die den Glauben, spirituelle Gesichtspunkte und Wertvorstellungen der Betroffenen berücksichtigt.

Sterbehilfe

Manchmal bitten schwer kranke Menschen um *aktive Sterbehilfe*. Diese Frage ernst zu nehmen und die Gründe dafür zu erkunden, ist enorm wichtig. Oft sind es Ängste vor dem Sterbeprozess, nicht vor dem Tod. Hier kann es für den Patienten schon erleichternd sein, dass er seine existenziellen Nöte an- und aussprechen kann. Dem Patienten zu erklären, was beim Fortschreiten der Erkrankung in der palliativen Behandlung und Pflege möglich ist, kann ihm die Angst mindern und den Schrecken vor unartikulierbaren Vorstellungen nehmen. Auch die eigene, persönliche Haltung und die Zusage, für ein würdevolles Sterben zu sorgen, fließt in den Dialog zwischen dem Begleiter und dem Patienten mit ein. Meistens taucht im Verlauf der Behandlung das Verlangen nach Tötung nicht mehr auf, weil es eine bessere Alternative, eine Möglichkeit gibt, die auf das Weiterleben gerichtet ist. Für die Begleitung kann es hilfreich sein, die unterschiedlichen Formen der Sterbehilfe zu kennen und sie voneinander unterscheiden zu können:

Differenzierung der Begriffe

❶ **Aktive Sterbehilfe:** Tötung auf Verlangen des Patienten (ist in Deutschland strafbar!)

❷ **Passive Sterbehilfe:** Unterlassen, Reduzieren oder Abbrechen lebenserhaltender Maßnahmen

❸ **Indirekte Sterbehilfe:** Medikamentöse Maßnahmen zur Linderung von Leiden und Schmerzen, auch unter Inkaufnahme des Bewusstseinsverlustes oder eines beschleunigten Sterbeprozesses
❹ **Mitwirkung beim Suizid:** Hilfe beim Beschaffen des todbringenden Mittels (Medikaments), Begleiten und Zulassen des Suizids, Unterlassen von Rettungsmaßnahmen

Zulässige und unzulässige Handlungen (aktive Sterbehilfe) in der Betreuung schwerst kranker und sterbender Patienten sind oft nicht leicht zu unterscheiden; besonders die Bedeutung der *Aktivität* bei einem erlaubten Abbruch lebenserhaltender Maßnahmen bereitet oft Probleme. Den erlaubten und vertretbaren Handlungsspielraum zu kennen, ist für eine ethische Praxis unerlässlich.

Klinische Ethik-Beratung

Angesichts der komplexen Fragestellungen im Krankenhaus wird eine kompetente ethische Beratung empfohlen. Die Konfrontation mit einer durch Unheilbarkeit und den Fortgang der Krankheit begrenzten Lebenszeit und dem unausweichlichen Tod stellt eine Grenzsituation dar. Der Betroffene, aber auch Angehörige, Ärzte, Pflegende, Therapeuten und Helfer stehen vor schwierigen Entscheidungen und müssen sich mit existenziellen und spirituellen Fragen auseinandersetzen. Die fachlichen Möglichkeiten des Handelns und deren Ziele und Werte müssen abgewogen und eine Orientierung gegeben werden, die unterschiedlichen und womöglich kollidierenden Wertvorstellungen, aber auch allgemeinen ethischen Prinzipien gerecht wird.

Die wichtigsten ethischen Probleme in der Palliativmedizin betreffen folgende Themen:

- Einverständnis bzw. informierte Zustimmung des Patienten
- Behandlungsverzicht, Behandlungsverweigerung
- Entscheidungs- bzw. Einwilligungsfähigkeit des Patienten
- Wahrheit am Krankenbett
- Schweigepflicht
- Neue Therapien, Studien, Forschung am Patienten
- Beendigung lebenserhaltender Maßnahmen
- Ethische Fragen der Kostendämpfung
- Verteilung knapper Ressourcen

Ethische Probleme in der Medizin haben in der Regel drei Dimensionen:

❶ Eine philosophisch-religiöse, durch die allgemeine Prinzipien und unterschiedliche weltanschauliche Wertvorstellungen berührt werden.

❷ Eine rechtliche, die gesellschaftliche und wirtschaftliche Rahmenbedingungen berücksichtigt.

❸ Eine medizinische, in der sich diagnostische und therapeutische Prinzipien, Möglichkeiten und Erfahrungen für konkrete Handlungssituationen manifestieren.

In der modernen Bioethik werden vier grundlegende Prinzipien bzw. ethische Forderungen für medizinisches Handeln unterschieden:

❶ Für das Wohl des Patienten sorgen (Benefizienz)

❷ Schaden für den Patienten vermeiden (Non-Malefizienz)

❸ Die Mittel gerecht verteilen (Gerechtigkeit)

❹ Die Autonomie des Patienten achten (Autonomie)

Eine *ethische Fallbesprechung* ist der systematische Versuch, im Rahmen eines strukturierten, von einem Moderator geleiteten Gesprächs mit einem multidisziplinären Team innerhalb eines begrenzten Zeitraumes zu der ethisch am besten begründbaren Entscheidung zu gelangen. Ethisches Empfinden, Fragen und Handeln im Krankenhaus sind nicht nur Aufgaben einer Expertengruppe, sondern liegen in der Verantwortung jedes Einzelnen, der an der Behandlung eines Patienten beteiligt ist. Die Würde des Patienten und seiner Angehörigen zu wahren, aber auch die aller Mitarbeiter, ist ein wesentliches Anliegen im Klinikalltag. Das Krankenhausdirektorium benennt ein Gremium, das sich mit den ethischen Belangen im Krankenhaus beschäftigt. Es setzt sich aus Vertretern der unterschiedlichen Bereiche zusammen und erstellt Leitlinien und Fortbildungsangebote zu ethischen Themen und bietet das Instrument der *ethischen Fallbesprechung* an. Dieses wird in vier Schritten mithilfe eines Protokollbogens durchgeführt:

❶ Die Bestimmung des ethischen Problems – Benennen der ethischen Fragestellung

❷ Die Analyse der medizinischen, pflegerischen, sozialen, weltanschaulichen und organisatorischen Fakten

❸ Die Bewertung und Entwicklung von Argumenten aus dem Blickwinkel ethischer Normen

❹ Die Beschlussfassung einschließlich der Zusammenfassung der wichtigsten Gründe, die zu ihr geführt haben – Ergebnis und Empfehlung

Grundsätzlich wird die ethische Fallbesprechung von einem multidisziplinären Team durchgeführt. Dabei ist zu klären, wie die Wünsche und Belange des Patienten so gut wie möglich in den Beratungsprozess einbezogen werden können. Die Gesprächsleitung erfolgt durch einen Moderator, die ethischen Fallbesprechungen werden protokolliert, und das Protokoll wird der Patientenakte hinzugefügt. Eine anonymisierte Fassung des Protokolls geht dem Ethikgremium zu.

Patientenverfügung

Dieses Instrument, mit dem sich Patienten vorausschauend auf die Betreuung am Lebensende vorbereiten können, gewinnt zunehmend an Bedeutung; es soll im Sinne des Prinzips *Respekt vor der Autonomie* in die Entscheidungsfindung einbezogen werden. Wichtig ist der Beratungsprozess für das Abfassen einer Patientenverfügung und für das Benennen eines Betreuers und für die Vorsorgevollmacht. Durch eine Vertrauensperson, die als Stellvertretung autorisiert wird, kann eine Patientenverfügung abgesichert werden. Informationen und gute Vorlagen finden Sie im Internet unter:

- www.ethik-medizin-pflege.de: Aktuelle Rechtslage bei Patientenverfügung, Betreuungsvorsorge und Vorsorgevollmacht
- www.justiz.bayern.de: Fragen, die sich jeder stellen sollte
- www.rub.de: Werteanamnese
- www.medizinethik-bochum.de
- www.bmj.bund.de: Textbausteine
- www.aekno.de: Rüstzeug für die eigene Erklärung

Zusammenfassung
Ethische Fallbesprechungen sind insbesondere dann angezeigt, wenn der Eindruck entsteht, dass die Würde oder die moralischen Werte des Patienten, seiner Angehörigen oder der an der Behandlung beteiligten Personen verletzt werden. Die ethische Fallbesprechung dient dazu, derartige Probleme zu benennen, zu verstehen, nach Lösungsmöglichkeiten zu suchen und Handlungsempfehlungen zu formulieren. Sie hat eine beratende und empfehlende Funktion für die verantwortlichen Ärzte, nimmt ihnen aber letztlich nicht die Verantwortung für die medizinische Entscheidung ab.

Wann beginnt Sterbebegleitung? Wie lange dauert sie?

Erfahrungen aus einer Begleitung in der Familie

Dass *Sterbebegleitung* mit *Lebensbegleitung* wechseln und sehr lange dauern kann, haben wir bei der Begleitung meiner Schwiegermutter erlebt. Sie war 86 Jahre alt und lebte allein in ihrem Haus. Es ging ihr gut, bis sie die Treppe hinunterstürzte und unglücklich mit dem Kopf gegen den Rahmen eines Ofens und auf die Steinfliesen fiel. Aufmerksame Nachbarn fanden sie und brachten sie ins Krankenhaus. Dort fanden wir sie, bewusstlos aber kreislaufstabil. Die Ärzte wollten und konnten keine Aussage über den weiteren Behandlungsverlauf machen. Es war ein kleines Krankenhaus, und für eine genauere Diagnostik hätte sie in das größere Kreiskrankenhaus verlegt werden müssen. War es notwendig?

»Ich bin nicht sicher, ob sie den Transport überlebt und all die Untersuchungen und was dann folgt«, sagte der Stationsarzt, »sie ist hier gut aufgehoben.« Und das war auch unser Eindruck. Ärzte und Pflegekräfte sorgten für sie, taten medizinisch nicht zu viel und nicht zu wenig. Sie akzeptierten auch, dass ich das tat, was ich konnte: ihr mit homöopathischen Mitteln Kraft zum Leben oder zum Sterben zu geben. Eindrucksvoll war für alle, wie sie 20 Minuten, nachdem ich ihr drei Kügelchen Arnika C 200 in den Mund geschoben hatte, die Augen öffnete und uns ansah. Sie erkannte uns, versuchte ein paar Worte zu sprechen und schlief dann ein, deutlich entspannter als vorher. Dies wechselte in den nächsten Tagen immer wieder: kurze Wachphasen, Dahindämmern und Schlafen lösten einander ab. Wir waren, so oft es ging, bei ihr, sprachen mit ihr und wussten, dass letztlich sie sich entscheiden musste, ob sie ins Leben zurückwollte oder nicht. Vermutlich hat ihr wohl der emotionale Appell einer Enkelin, doch nicht einfach so zu sterben, dabei geholfen. Unterstützt von wiederholten Arnikagaben in verschiedenen Potenzen und Carbo vegetabilis, dem *homöopathischen Lebenswecker* wurden die Wachphasen zunehmend länger, die Hämatome bildeten sich gut zurück, sie konnte mit Unterstützung trinken und fing wieder an zu essen. Wie richtig die Entscheidung des Stationsarztes war, sie nicht in ein Krankenhaus mit mehr Diagnostik zu verlegen, zeigte sich in dieser Phase, in der sie wieder ins Leben fand. Wichtig und hilfreich waren nun auch die Bekannten aus dem Ort, die sie täglich besuchten, mit ihr sprachen und sie auch beim Essen und Trinken unterstützten.

Sie wollte leben und unterstützte aktiv alle therapeutischen Maßnahmen, um wieder auf die Beine zu kommen. Das war ihr ganz wichtig, und der Wille, so selbstständig wie möglich zu sein, bestimmte auch die nächsten Jahre, in denen sie dann bei uns lebte. Sie kam zwar nicht wieder so ganz auf die Beine, doch in allem Auf und Ab der nächsten fünf Jahre gab es doch auch längere Phasen, in denen sie in der Wohnung gut allein gehen und sich außerhalb mit dem Rollator bewegen konnte. Doch der Sturz und die Blutergüsse im Kopfbereich waren nicht ohne Folgen geblieben und führten zu einer sich langsam entwickelnden Demenz und einer damit verbundenen Persönlichkeitsveränderung. Es gab gute Zeiten, in denen sie viel von früher erzählte. Sie las die Zeitung und profitierte sicher auch geistig von unserem recht lebhaften Familienleben. Sie war eine gläubige Frau, die den Tag mit einer Losung (einem kurzen Text aus der Bibel) begann, gern in ihrem Gesangbuch las, das immer am Bett lag, sich freute, wenn sie zu einem Gottesdienst konnte oder wenn der Ortspfarrer sie besuchte. Dennoch oder gerade deswegen war Sterben oder Tod selten ein Thema. Allerdings hatte sie in Bezug auf ihre Beerdigung und ihr Grab klare Vorstellungen, an die wir uns später auch gehalten haben. Daneben gab es zunehmend andere Zeiten, erst nur ab und zu, dann jedoch immer öfter und heftiger. Sie beschimpfte mich und andere, lehnte Hilfe ab oder wurde wütend, wenn sie selbst nicht zurechtkam. Auch merkte man, wie ihre Kräfte zunehmend nachließen. Sie saß viel im Sessel oder im Rollstuhl, ging aber immer wieder, auch wenn es nur wenige Schritte waren, mit dem Rollator auf und ab. Manchmal war es schwierig, mit ihren verbalen und körperlichen Aggressionen richtig umzugehen. Wir hatten uns von Anfang an entschieden, zur Unterstützung der jeweils nötigen Pflege einen ambulanten Pflegedienst hinzuzuziehen, was uns kräftemäßig aber auch emotional sehr entlastete. Mit ihrer Schwäche nahm die Verwirrtheit zu, phasenweise sah sie Personen vor der Tür und im Zimmer oder hörte Musik von draußen. Heute weiß ich, dass dies im Sterbeprozess häufig geschieht. Es kann ein Zeichen dafür sein, dass das Bewusstsein *nicht mehr ganz hier* ist. Da sich bei ihr die zunehmende Demenz mit diesen Erfahrungen überlagerte, haben wir dies nicht so wahrgenommen. In dieser gesamten Phase wurde sie von einer Hausärztin begleitet, die sich sehr um sie bemühte und sehr einfühlsam in der Medikamentierung war und auch meine homöopathischen Mittel akzeptierte. So konnte ich ihr bei manchen körperlichen Beschwerden helfen und ihr auch lang die Ängste erträglicher gestalten, die zum Beispiel aus den veränderten Sinneswahrnehmungen entstanden. Erst in einer späten Phase entschieden wir uns mit der Hausärztin für ein schwach dosiertes Psychopharmakon (das sie nur nahm, weil die Ärztin ihr sagte, dass ihr dieses *Stärkungsmittel* guttun würde). Anders wäre eine weitere Pflege zu Hause nicht mehr möglich gewesen. Dies war aber immer ihr ausdrücklicher Wunsch gewesen, den wir ihr gern erfüllen wollten. Kurzzeitpflege im Altersheim hatte sie als Urlaub akzeptiert, aber vor einer Pflegestation oder einem Krankenhausaufenthalt hatte sie Angst. Vor allem wollte sie auf keinen Fall lebensverlängernde Maßnahmen. Die Intensivstation war für sie eine Horrorvorstellung, nachdem sie gesehen hatte, wie ihre Schwester starb und dabei *an Schläuchen angeschlossen war.*

Mit diesem Wissen standen wir dann erneut vor einer schweren Entscheidung, als sie, bereits seit einiger Zeit bettlägerig, an einem Tag sichtbar Atemnot hatte, Flüssigkeit hörbar die Lunge füllte und die Rettungssanitäter erklärten, dass sie nur im Krankenhaus die Möglichkeit hätten, sie ausreichend zu behandeln und sie damit vor dem Ersticken zu bewahren. Sie war schon lang schwach, aber jetzt auch nicht mehr bei Bewusstsein. Wäre dies gegen ihren Willen? Aber sie ersticken lassen?

Wir entschieden uns schweren Herzens, sie ins Krankenhaus bringen zu lassen, und waren darauf vorbereitet, dass sie dort sterben würde. Wir standen alle an ihrem Bett, nachdem ihre Lunge abgesaugt und ihr eine Sauerstoffmaske angelegt worden war. Der Atem war mühsam, die Augen geschlossen. Wieder sagten wir ihr, dass sie bleiben oder gehen dürfe, wir seien bei ihr. Wir beteten mit und für sie. Dann schaute der Arzt nur kurz herein, beugte sich über sie, fühlte den Puls und sagte zu der Schwester *prämortal*. Den Begriff kannte meine Schwiegermutter nur zu gut, zum einen konnte sie Latein, zum anderen war sie als *Grüne Dame* viel im Krankenhaus gewesen und hatte als Berufsschullehrerin Krankenschwestern ausgebildet. Das Wort war ein Weckruf, sie schlug die Augen auf und flüsterte: »Ich sterbe noch nicht.« Und von da an ging es noch einmal bergauf. Sie wurde wieder wacher, nahm mehr von ihrer Umgebung war, übte mit dem Physiotherapeuten, wollte wieder gehen. Der anschließende Versuch, sie auf der geriatrischen Abteilung medikamentös auf die Behandlung der Demenz einzustellen, misslang völlig. Sie schwankte zwischen höchst aggressiv und apathisch und wollte nur noch nach Hause. Dort erholte sie sich körperlich wieder, und mit den Psychopharmaka der Hausärztin und weiteren homöopathischen Mitteln konnte sie wieder am Familienleben teilnehmen. Zeitweise war sie bei klarem Bewusstsein und konnte sich zum Beispiel mit einer Frau aus dem ambulanten Hospiz-Besuchsdienst der Gemeinde gut unterhalten, die sie schon seit längerer Zeit immer wieder besuchte.

Dann wieder kam die Schwäche, das Dahindämmern – und wenn sie dies bemerkte –, die Aggression.

Doch ihr Wille war zeitweise immer noch klar. Sie wollte leben und tat dafür, was sie konnte, und wir versuchten, ihr es so gut wie möglich zu machen: kleine Freuden zu schenken, einfach da zu sein.

Der Umbruch kam, als ich sie eines Morgens wecken wollte und sah, dass sie im Schlaf einen leichten Schlaganfall erlitten hatte. Sie konnte sich nicht mehr allein aufrichten, eine Gesichtshälfte war gelähmt, und als ich ihr etwas zu trinken geben wollte, lief ein Großteil davon wieder aus dem Mund. Sie versuchte zu sprechen und sich aufzurichten, ihre Worte waren jedoch kaum verständlich, und sie konnte sich nicht aufsetzen. Ich versuchte sie zu beruhigen und sagte ihr, dass ich die Hausärztin rufen wollte. Diese bestätigte meinen Eindruck, machte meiner Schwiegermutter aber Hoffnung, dass sich ihr Zustand bessern würde. Auf keinen Fall wollte meine Schwiegermutter ins Krankenhaus. In den nächsten Tagen versuchte sie noch einmal, ihre Situation aus eigener Kraft zu verbessern. Als sie merkte, dass es nicht funktionierte, entschied sie sich, zu sterben. Ich erinnere mich, dass ich versuchte, ihr ein wenig Essen zu geben. Doch sie verschloss den Mund und sah mich ganz fremd an. Von dem Zeitpunkt an wollte sie nicht mehr. Der Pflegedienst kam jetzt dreimal täglich und versuchte auch, ihr zu essen und zu trinken zu geben. Wir mussten jede Trinkmenge dokumentierten. Am Anfang aß sie noch etwas, aber selbst ihren Lieblingsjoghurt lehnte sie nach zwei, drei Löffeln ab. Der Mund blieb zu. Der Satz:

»Man darf sie doch nicht verhungern und verdursten lassen«, schwebte drohend über uns. Aber sie wollte nicht mehr. Sie wollte vor allem keine Schläuche und keine Apparate. Zum Glück bedrängte uns die Hausärztin nicht zu sehr und bot uns lediglich an, meiner Schwiegermutter einen Tropf zu legen, wenn sie gar nicht mehr trinken würde. Um das zu verhindern, versuchten wir, ihr mit vielen kleinen Schlucken noch etwas Flüssigkeit zuzuführen. Doch sie wurde immer schwächer, und irgendwann mussten wir die Versuche, sie beispielsweise zum Waschen in den Rollstuhl zu setzen, aufgeben. Wache und dämmernde Phasen wechselten sich ab. Keiner konnte uns sagen, wie lang dieser Zustand anhalten würde. Sie bekam eine pneumatische Matratze, um ein Wundliegen zu verhindern, sie wurde verpflegt und umsorgt, manchmal nahm sie Besuch noch gut wahr, manchmal schlief sie aber einfach ein. Im Grunde war es eine gemeinsame Zeit des Wartens und des langsamen Abschiednehmens. Es dauerte über zwei Monate. Dann veränderte sich noch einmal der Ausdruck ihres Gesichtes, und eine Freundin, die als Palliativschwester schon viele Menschen hatte sterben sehen, meinte: »Jetzt sind es nur noch Stunden oder wenige Tage.« Eine unserer Töchter hatte am nächsten Tag Geburtstag, und weil viele der Gäste auch meine Schwiegermutter kannten, gingen sie noch einmal kurz zu ihr hinein, grüßten sie, sagten ein paar freundliche Worte oder blieben ein wenig bei ihr. Am Morgen des übernächsten Tages sah und spürte ich, dass sie gehen würde. Ich war dankbar, bei ihr sein zu können. Auch wenn sie es mir nicht immer leicht gemacht hatte, hatte sie mir viel bedeutet. Alle, die im Haus waren, kamen noch einmal vorbei. Ich blieb bei ihr sitzen, streichelte über ihre Hände und sprach ein

Gebet für sie und sang ein Lied, von dem ich wusste, dass es ihr Trost gab. Dann war Stille. Nur ihre unregelmäßigen Atemzüge waren noch zu hören, dann ein leichtes Seufzen, ein letztes deutliches Ausatmen. – Dann war, wie ich es schon beim Tod meines Vaters gespürt hatte, der Raum erfüllt: Sie war noch da, auch wenn ihr Körper tot war. Wir haben sie in ihrem Bett gewaschen und so angezogen, wie sie es gern hatte. Wer in der Nähe war, kam noch einmal vorbei, um sich zu verabschieden. Wir zündeten eine Kerze neben ihrem Bett an als Symbol für das Licht, in das sie gegangen ist. Ihr Körper war noch lang warm, sodass die Hausärztin am nächsten Morgen noch einmal kam, um anhand der Totenflecken absolute Sicherheit zu haben.

Dann wurde ihr Leichnam abgeholt, und der Raum war leer – oder doch nicht ganz.

Von guten Mächten

Von guten Mächten treu und still umgeben,
behütet und getröstet wunderbar,
so will ich diese Tage mit euch leben und
mit euch gehen in ein neues Jahr.
Lass warm und hell die Kerzen heute flammen,
die du in unsre Dunkelheit gebracht,
führ, wenn es sein kann, wieder uns zusammen.
Wir wissen es, dein Licht scheint in der Nacht.
Wenn sich die Stille nun tief um uns breitet,
so lass uns hören jenen vollen Klang der Welt,
die unsichtbar sich um uns weitet, all deiner
Kinder hohen Lobgesang.

Dietrich Bonhoeffer

Überlegungen nach dem Bericht über die Begleitung von O.

Der Erfahrungsbericht verdeutlicht vor allem eines: Jeder Sterbeprozess ist so individuell wie wir Menschen. Sein Verlauf hängt ab von der Grunderkrankung/dem Sterbeanlass, dem Alter, der Persönlichkeit und der Lebenserfahrung des Sterbenden, seiner Einstellung zu Tod und Leben, seinem sozialen Umfeld und seiner Begleitung im umfassenden Sinne.

Was auch deutlich wird, ist die Tatsache, dass der Sterbeprozess mehrfach in unserem Leben geschehen kann und dass nicht jeder Sterbeprozess mit dem Tod endet. Unfälle, lebensbedrohliche Erkrankungen aber auch der unvollendete Suizid können uns an den Rand des Todes führen. Die Rückkehr ins Leben hängt sowohl von den weitreichenden Möglichkeiten der Medizin als auch vom Willen des jeweiligen Menschen zu leben ab. Und dieser wiederum hängt oft von seiner sozialen Einbindung und seinem Lebensplan ab.

Die einzelnen Phasen des Sterbens, wie sie auf Seite 58 und 106 f. beschrieben werden, kommen in jedem Sterbeprozess unterschiedlich vor. Sie können zeitlich ganz verschieden lang sein, auch abhängig von der Gesamtdauer des Sterbens (bei Unfällen nur Sekunden oder Minuten, bei natürlichem Altern oder chronischen Krankheiten Wochen, vielleicht sogar Monate und Jahre). Sie können sich auch mehrfach wiederholen, wobei die einzelnen Fragen auf immer neuen Ebenen durchlebt und durchdacht werden. Es ist wie eine Spirale, die sich immer schneller dreht, je näher der Tod kommt. Und wieder hängt es von der Persönlichkeit, ihrer Lebenserfahrung und der Einstellung zum Leben ab, welche Phasen verstärkt und länger und welche nur am Rande gelebt werden. Jede Phase ist für den Sterbenden sinnvoll.

Im Sterben geht der Blick noch einmal zurück, aber auch nach vorn. Für die meisten Menschen gehört zum Sterben der Wunsch, das eigene Leben zu ordnen. So können Themen wie Verlust (von Menschen, materiellen Dingen, Zielen und Wünschen), Enttäuschungen, Ungerechtigkeit, Unversöhntheit und Schuld den Sterbeprozess durchziehen. Entsprechend kehren bestimmte Themen auch in den Erzählungen und Gesprächen immer wieder, bis sie innerlich oder auch durch aktives Handeln und Entscheiden geklärt sind und losgelassen werden können. Im Blick nach vorn werden die positiven Lebenserfahrungen immer wichtiger, das, was im Leben Kraft und Zuversicht gegeben, woraus man Hoffnung und Freude geschöpft hat, hilft, mit Dankbarkeit Abschied zu nehmen und in ein versöhntes, friedvolles Sterben hineinzufinden.

Dieser Prozess, den jeder auch schon früher im Leben, das heißt, jederzeit beginnen kann, wird auf spiritueller Ebene durch ein Gebet von *Niklaus von Flüe* ausgedrückt:

Mein Herr und mein Gott, nimm alles von mir, was mich hindert zu dir.
Mein Herr und mein Gott, gib alles mir, was mich fördert zu dir.
Mein Herr und mein Gott, nimm mich mir und gib mich ganz zu eigen Dir.

Dieses Gebet bildet auch den Rahmen für das Kapitel: *Was wir tun können.*

Aber nicht alles ist erklärbar: Es gibt schon im Sterbeprozess, aber auch rund um den Tod vieles, was sich nicht oder nur bedingt erklären lässt. So kann der Sterbende offensichtlich in einem gewissen Maße Einfluss auf sein Sterben nehmen. In der oben geschilderten Begleitung wurde die Sterbende zweimal durch einen äußeren Impuls in ihrer Entscheidung: «Ich will leben«, gestärkt, und sie fand die Kraft dazu. Solang die Lebensenergie noch da ist, trägt unsere Entscheidung, leben oder sterben zu wollen, mit zum Verlauf des Sterbens bei. Es gibt viele Erfahrungen, dass Sterbende, die auf eine bestimmte Person, ein bestimmtes Datum oder Ereignis warten, *über die Zeit hinaus leben* und danach schnell und friedlich sterben. Noch erstaunlicher ist es, dass der betreffende Mensch, oft schon vor oder ohne direkte Benachrichtigung, diesen Wunsch spürt und Kontakt aufnimmt. Auch wenn dies nicht möglich erscheint, kann dieser Kontakt geschehen. So wurde oft, vor allem von Müttern, im Krieg berichtet, aber auch von anderen sich nahestehenden Menschen, dass sie den Moment des Todes ihrer Söhne bzw. der nahestehenden Person spürten. Auch heute erleben wir dies vor allem bei plötzlichen Sterbefällen, wie Unfällen, dass Menschen, die in einer engen Beziehung zu dem Sterbenden stehen, dies spüren und um seinen Tod wissen. Umgekehrt kann der Verlust des Lebenswillens bzw. der konkrete Wunsch »zu gehen« den Sterbeprozess beschleunigen, ja sogar ohne erkennbare Erkrankung zu einem von außen gesehen frühen Tod führen. Dies ist zum Beispiel oft der Fall, wenn in einer langjährigen Partnerschaft der erste gestorben ist und der andere nicht mehr leben will.

Auch folgendes Phänomen ist nur schwer zu erklären: Wenn in der medizinisch-wissenschaftlichen Definition der Hirntod, also der unumkehrbare Verlust der Steuerung aller lebenswichtigen körperlichen Prozesse, ein sicheres Zeichen für den Tod ist, so zeigt die Erfahrung, dass der Sterbeprozess damit noch nicht abgeschlossen ist. Nicht nur *übersensible* Menschen berichten von einer veränderten, verdichteten Atmosphäre oder Energie in dem Raum, in dem ein Mensch stirbt oder gestorben ist, die noch einige Zeit über den Tod hinaus spürbar bleibt. Dies hält manchmal sogar noch an, wenn der Tote nicht mehr im Raum ist. Manche Menschen sprechen dann von einem *heiligen Raum*, den sie erleben.

Ein weiteres Phänomen ist, dass die verstorbenen Menschen ganz unterschiedlich schnell ihre Körperwärme verlieren, und dies hängt nicht von der Außentemperatur ab. Das Tibetische Totenbuch, das auf der jahrhundertelangen Erfahrung und Begleitung von Sterbenden beruht, spricht vom Verebben der inneren Atmung, die dem äußeren Atemstillstand in unterschiedlichem Tempo folgt, bis der Mensch ganz gegangen ist.

Auch in den Tagen nach dem Tod kann sich die Erfahrung wiederholen, dass Menschen das Gefühl haben, der Gestorbene sei noch im Raum. Dies kann vor allem in der Zeit kurz nach dem Tod bis zu visuellen und akustischen Wahrnehmungen gehen, d.h., man sieht oder hört ihn, meist nur für einen kurzen Moment.

Was wirklich im und nach dem Tod geschieht und wohin der Gestorbene geht, können wir nicht wissen, weil auch die Nahtoderfahrungen nicht bis in diese Phase hineinreichen. Doch das Wissen, dass mit dem äußeren Tod noch nicht alles abgeschlossen ist, hat in allen Religionen zu Trauerritualen geführt, die die Ablösung des Sterbenden von den Trauernden und der Trauernden von den Sterbenden begleiten.

Die Trauerbegleitung ist sowohl für den Verstorbenen als auch für die Trauernden wichtig. Sie hilft den Hinterbliebenen, einen neuen Platz im Leben zu finden.

Phasen des Sterbens

Kristiane Voll

Modelle zu den Sterbephasen sind als Orientierungs- und Verständnishilfe für einen Prozess zu begreifen. Sie können die Wirklichkeit niemals eins-zu-eins abbilden.
»Diese Phasen interessieren mich überhaupt nicht!«, höre ich Trauernde sagen. Die Frage: Was angeblich wie ablaufen soll, so als würde man einen Produktionsprozess in einer Autofabrik beschreiben, stellt sich ihnen und auch Sterbenden eher nicht. Für sie ist wichtig, dass Menschen ihnen *bei-stehen*, ihnen mit Mitgefühl und konkreten Hilfeleistungen zur Seite sind und einfach ein Herz für sie haben. Das ist gute Begleitung, denn *be-gleiten* meint: sich zu jemanden gesellen, mit-gehen und ein Geleit geben, so wie es der *Fremde* bei den Emmaus-Jüngern tut. *Lukas* 24,13 *ff*.

Dennoch können wissenschaftliche Theorien über die Sterbephasen besonders denjenigen eine Verständnishilfe sein, die Sterbende und Trauernde begleiten. Theorien sind wichtig und nur dann eine Gefahr, wenn sie nicht mehr als Erfahrungswissen, sondern als allgemein gültige Wahrheit verstanden werden.

Aufgabe einer guten Theorie ist es daher, Wissen zu vermitteln, Anregungen zu geben, zur Reflexion anzuregen und darin zu unterstützen, eigene Erfahrungen und Empfindungen von denen anderer zu unterscheiden. Das kann helfen, die mannigfachen Empfindungen eines Sterbenden als das wahrzunehmen, was sie sind: Sein ganz individueller Ausdruck, sein *Lebenswerk*, auch sein *Testament*, das wertgeschätzt und geachtet werden möchte.

Die Schweizer Ärztin und Psychiaterin *Elisabeth Kübler-Ross* entwickelte erstmals ein Modell von Sterbe-Phasen, das auf zahlreichen Gesprächen mit unheilbar Erkrankten beruht. Sie bezeichnete die Sterbenden als ihre Lehrer, die sie dazu brachten, ein Modell von fünf Phasen zu entfalten (Interviews mit Sterbenden, 1969). Damit versucht sie zu strukturieren, wie Betroffene (oft auch die Begleitenden) das Sterben geistig verarbeiten. Es geht in diesem Prozess letztlich um Strategien, die helfen, das Unabwendbare zu bewältigen:

- Erste Phase: Nicht-wahrhaben-Wollen, Isolierung
- Zweite Phase: Zorn
- Dritte Phase: Verhandeln
- Vierte Phase: Depression
- Fünfte Phase: Zustimmung

Impulse zu den Phasen in Anlehnung an *Elisabeth Kübler-Ross*

Phase 1: Viele Sterbende wehren sich gegen die allmählich entstehende Erkenntnis, in absehbarer Zeit zu sterben; sie wollen es nicht wahrhaben und reagieren nicht selten darauf mit Rückzug. Für Angehörige und Begleitende kann dies ausgesprochen schmerzlich sein, weil damit eine Beziehung reduziert oder wie abgebrochen erscheint. Derartige Erfahrungen nicht als persönliche Abweisung zu erleben, ist eine Herausforderung.

Phase 2: *Zorn* steht dabei stellvertretend für ein ganzes Bündel unterschiedlicher Emotionen, die einen Sterbenden und in zweiter Linie die ihn Begleitenden regelrecht überschwemmen können. Das auszuhalten und die Gratwanderung zu schaffen, *trotzdem* liebevoll und mitfühlend bei einem Menschen zu bleiben, ist eine große Aufgabe.

Phase 3: Das Bedürfnis, das Unvermeidliche wenigstens aufzuschieben, lässt manche Sterbende verhandeln: mit Gott, mit Ärzten ... Daran mag man ablesen, dass sich der Sterbende auf dem Weg befindet, mit sich und der Welt eins zu werden.

Phase 4: Die Erfahrung und die Zeit der sogenannten *Depression* gehen nicht selten mit Stille und Schweigen einher. Das akzeptierend und mitfühlend begleiten zu können, erfordert Geduld und ein eigenes Offen-Sein für Stille. Aktionismus und Drängeln sowohl auf der Gefühlsebene als auch in Taten be- und verhindern eher, als sie helfen.

Phase 5: Sterbende wie Begleitende mögen es erleichternd empfinden, wenn der in seinen Weg einwilligen kann. Aber dies geschieht lange nicht immer. Trotzdem ist das Sterben damit kein »schlechtes« oder misslungenes Sterben.

So verschieden die Menschen sind, so unterschiedlich sterben sie auch. Entscheidend ist darum, jeden so individuell wie möglich zu begleiten. Das wird durch eine beständige, fortschreitende (das meint »Prozess«) eigene Auseinandersetzung mit der Erkenntnis unterstützt, dass alles Leben begrenzt ist.

Kritisch sei bedacht: Phasenmodelle haben die Schwäche, einzelne Zustände so zu verstehen, als seien sie klar voneinander abgegrenzt. Empfindungen und Wahrnehmungen gehen aber ineinander über und können sich wie auf einer Spirale auf einer anderen Raum- oder Zeit-Ebene wiederholen. Damit ist der Sterbende (oder der Trauernde) nicht *unnormal* oder gar krank, sondern er ist und bleibt ganz Mensch: Ein Wesen, das individuell und einmalig ist.

Würden Sie einen Sterbenden begleiten?

Die Aufgabe, einen Sterbenden zu begleiten

»Ich kann das nicht!« – »Ich kann keinen Toten sehen.« – »Das Sterben halte ich nicht aus.« – »Das ist einfach eine Zumutung. Das muss ich nicht auch noch haben.« – »Ich habe keinerlei Kompetenz darin. Ich bin dafür nicht ausgebildet.« – »Ein kleiner Besuch am Sterbebett ist selbstverständlich, aber mehr geht wirklich nicht.« – »Ich habe Angst vor dem Tod. Warum soll ich mir also so etwas antun?«

Dies sind Aussagen von Menschen, die mir begegnet sind. Ich habe nur einige der negativen Aussagen ausgewählt. Natürlich gibt es genauso viele oder sogar noch mehr positive Aussagen. Aber diese Aussagen zeigen, dass Sterbebegleitung nicht selbstverständlich ist und nur von wenigen Menschen in der eigenen Lebensplanung bzw. in ihrem Leben vorgesehen ist.

Alle wissen: Sie werden sterben. Dies ist eine der wenigen Gewissheiten, die alle Menschen miteinander verbindet. Und weil wir alle sterben müssen, möchten manche Menschen gar nicht so gern hinschauen. Jemand sagte und steht damit sicher nicht allein: »Ich möchte mir dieses Elend nicht noch anschauen. Es reicht, wenn ich das selbst erleben muss.«

Wer über Sterbebegleitung nachdenkt, muss auch diese Erfahrungen, diese Sorgen und Ängste, diese Lebenshaltungen ernst nehmen. Vielleicht ging es einigen Menschen so wie uns: Wir wurden als Kinder von Sterbenden ferngehalten. Wir durften oft nicht einmal auf Beerdigungen uns nahestehender Menschen mitgehen. Es war die Phase in den fünfziger und sechziger Jahren, als das Sterben und der Tod zunehmend tabuisiert wurden. Ich kann mich noch erinnern, dass Verstorbene drei Tage zu Hause aufgebahrt wurden. Später wurde dies mit allerlei Begründungen abgeschafft. Meist wurde auf die Hygiene verwiesen. Wahrscheinlich sitzen die Beweggründe aber tiefer. Der Krieg und seine vielen Schrecken traten in den Hintergrund, der Schmerz und die Traurigkeit, die Verantwortung für die vergangene Zeit und der Verlust von Menschen, Tieren und Materiellem (z.B. Wohnung, Haus, Kleidung, Geld und Einrichtung) konnten durch den steigenden Wohlstand aus der Erinnerung zumindest teilweise gelöscht werden.

Allein das Sterben und der Tod erinnerten an Vergangenes und weckten Gefühle, falls dies üblich und erlaubt war. Nicht ohne Grund wurden viele Menschen in meiner Generation *gefühlsarm* erzogen.

Dennoch war es auch damals für die meisten selbstverständlich, einen Menschen im Sterben nicht allein zu lassen. Wenn dies nicht die Angehörigen leisten konnten, sprangen Nachbarn und Bekannte ein. Erst als sich das Sterben in die Krankenhäuser verlagerte, nahm die bis dahin selbstverständliche Begleitung ab. Durch die veränderten medizinischen Möglichkeiten wurde es immer schwieriger, sich auf den bevorstehenden Tod eines Kranken einzustellen, weil ja immer noch die Hoffnung im Raum stand, *dass es schon wieder wird.* Je mehr der Tod aus dem Alltag verschwand, desto mehr verlor sich auch das Wissen um die Zeichen und Notwendigkeiten am Lebensende.

Wenn heute Menschen Sterbende begleiten wollen oder durch ihre Lebensumstände dazu gezwungen sind, haben sie nicht unbedingt bereits Erfahrungen damit und so steht die Frage im Raum: »Was muss ich tun? Was muss ich können? Halte ich das überhaupt aus?« Eine ganz ernst gemeinte Antwort darauf lautet: Eigentlich ist alles ganz einfach.

Lesen Sie noch einmal das Zitat am Anfang des Buches. Es beschreibt das Wesentliche der Begleitung. Es geht darum, *einfach nur da zu sein,* dabei zu sein und eine Wegstrecke gemeinsam zurückzulegen. Der Rest ist zwar durchaus wichtig und wesentlich, aber ist nur Zugabe. Dennoch gilt: Da sein ist alles! Und dies ist einfach, wenn wir uns dazu überwinden können. Manchen Menschen wird dieses *Da-Sein* leichtfallen, für andere ist es eine Herausforderung, der sie sich aus vielen Gründen stellen wollen.

Wer bestimmt die Art und Weise der Begleitung?

Vielleicht ist es notwendig, sich zunächst einmal deutlich zu machen, in welcher Situation mich die Frage nach Sterbebegleitung trifft. Es gibt einen wichtigen Unterschied in der Begleitung, ob es um die Begleitung eines nahen Angehörigen oder auch Freundes geht oder ob ich mich dazu entscheide, im Rahmen einer ehrenamtlichen oder professionellen Tätigkeit für Menschen auf ihrem letzten Lebensweg da zu sein.

Wer als Arzt, Krankenschwester oder Pfleger, als therapeutische Fachkraft, als Betreuer, Sozialarbeiter oder Seelsorger mit Sterbenden zu tun hat, dem ist durch den Beruf eine bestimmte Aufgabe in der Beziehung zu dem Sterbenden vorgegeben, und sie wird von ihm auch erwartet. So ist die Sterbebegleitung hier zunächst etwas rein Fachliches, und es ist zu wünschen, dass diese Aufgaben gut, professionell und im Sinne des Sterbenden erfüllt werden. Dies bedeutet auch, dass ein kranker oder sterbender Mensch nicht als *Fall* oder *Krankheit* oder gar als *Sache* angesehen wird, sondern innerhalb der gemeinsamen Aufgabe als Mensch, der meine ganze Aufmerksamkeit und Zuwendung braucht. Wieweit sich jemand über die rein fachliche Beziehung hinaus auf den Menschen *jenseits seines Aufgabengebietes* einlässt, hängt dann von seinen Möglichkeiten und seiner inneren Haltung ab. Dazu weiter unten mehr.

Wenn es um einen nahen Angehörigen geht, wird aus seinem Sterben eine emotionale und weniger eine sachliche Anfrage, auf die ich eingehen kann oder nicht. Diese Anfrage geht – offen ausgesprochen oder nicht – fast immer von dem Betroffenen aus.

Selten wird vorher über die Art und Weise der Begleitung gesprochen. Ich fand es hilfreich, dass meine Mutter schon 20 Jahre vor ihrem Tod den Wunsch geäußert hatte, im Kreise der Familie zu sterben. Dies habe ich ihr versprochen. Das Versprechen schaffte zwar Klarheit, war aber auch Belastung. Wir konnten dieses Versprechen einhalten, auch wenn es manchmal aus medizinischen und psychischen (Demenz) Gründen auf der Kippe stand. In unserem Fall bestimmte meine Mutter mit ihrem Wunsch schon früh die Begleitung.

Manchmal wird Sterbebegleitung aber erst in kurzen Sätzen am Krankenbett abgesprochen, manchmal auch nur angesprochen: »Du verlässt mich doch jetzt nicht!«

Wenn wir nicht darauf vorbereitet sind, kann es uns jedoch auch überfordern.

So erging es einem kleinen Jungen Anfang der sechziger Jahre. Seine Mutter lag im Sterben, der Vater war schon früher gestorben. Er selbst war elf Jahre alt. Er wurde von den Angehörigen mit ins Krankenhaus und ans Sterbebett seiner Mutter genommen. Er fand den Anblick schrecklich und lief davon. Später, als Erwachsener, machte er sich Vorwürfe, ärgerte sich über sich selbst und vermisste den Abschied. Ich kann den Jungen gut verstehen. Er wurde plötzlich mit dem Tod konfrontiert, sollte Abschied von seiner Mutter nehmen, war darauf nicht vorbereitet und deswegen überfordert. Deshalb war das Dabeisein am Krankenbett für ihn unmöglich. (Dass auch hier zu einem späteren Zeitpunkt ein Nachholen des Abschiedes möglich ist, lesen sie in seinem Bericht auf Seite 205 ff.) Solche Umstände, solche Reaktionen müssen wir verstehen und akzeptieren. Gleichzeitig kann ich aber durch meine Begleitung zum Bleiben ermutigen.

In anderen Fällen ergibt sich Sterbebegleitung aus der Situation heraus. Unfälle oder plötzliche Erkrankungen fordern die Betroffenen heraus, damit angemessen umzugehen. Unfälle im weitesten Sinne sind die Ausnahme, in der ich mit Sterbebegleitung konfrontiert werden kann. Die meisten Menschen fürchten sich vor dieser Situation, weil sie sich hilflos fühlen. Meist kann auch nicht viel getan werden, aber das Wenige kann im wahrsten Sinne not-wendend sein. Wer einfach dabeibleibt, den vom Tod Bedrohten nicht allein lässt, ihn vielleicht vorsichtig berührt, mit ihm spricht und ihm Mut macht, bis der Rettungsdienst eintrifft, kann Hilfe zum Überleben geben.

In all diesen Fällen ist Begleitung erwünscht, und trotzdem ist es oft weder einfach noch wissen wir, wie wir mit der Situation und vor allem mit dem Menschen umgehen sollen. Krankheit und der beginnende Sterbeprozess können einen vertrauten Menschen äußerlich und auch in seinem Verhalten sehr verändern, sodass man vielleicht erschrickt, wenn man ihm nach längerer Zeit wieder begegnet. Doch es bleibt der Mensch, den wir kennen. Und wenn wir auch erschrecken, können wir *mit dem Herzen sehen*, um ihn zu erkennen und ihm nahe sein zu können.

Für den Sterbenden ist es das Wichtigste, dass wir da sind und für ihn da sind. Sich ganz auf den Sterbenden einzustellen, kann jedoch gerade für die Angehörigen schwierig sein, weil vieles mit Ärzten, Krankenschwestern und Pflegern – sei es zu Hause oder an einem dritten Ort – geregelt werden muss. Für manche ist der notwendige *Aktionismus* hilfreich, um mit der Situation emotional fertig zu werden. Andere zerreißt es innerlich geradezu. Auch hier erweist es sich als hilfreich, wenn schon früher miteinander über diese Situation gesprochen wurde. So ist z. B. eine Patientenverfügung (→ Seite 36 und 45) eine sichere Entscheidungsgrundlage, wenn der Sterbende seine Wünsche und seinen Willen nicht mehr selbst äußern kann.

Bei meiner Mutter war ich das einzige Kind und musste die Begleitung mit niemand aus meiner Ursprungsfamilie absprechen. Dies hat sowohl Vorteile als auch Nachteile. *Raimund Hillebrand* beschreibt in seinem Artikel, wie die Geschwister durch die Absprachen untereinander näher zusammengerückt sind. In anderen Fällen habe ich leider erlebt, dass die Geschwister sich uneins waren. Dann muss mit Zurückhaltung und mit dem möglichen Maß an Kommunikation jeder und jede die eigene Begleitung suchen und verantworten. Niemand kann von einem anderen verlangen, dass er oder sie sich so verhält, wie man es gerne möchte.

Allerdings hat der Sterbende ein Recht darauf, dass seine Wünsche respektiert werden. Niemand sollte in der Begleitung etwas tun, was der Sterbende nicht möchte. Ich habe es auch schon erlebt, dass die Angehörigen vieles besser wussten. Auch wenn dies der Fall ist, hat der Sterbende ein Recht auf seine Wünsche und auch auf seine Fehler. Als Begleitende kennen wir die Beweggründe für die Entscheidung des Sterbenden nicht. Schon deshalb haben wir seine Würde zu achten und unsere eigene Ansicht zurückzustellen. Dies gilt vor allem dann, wenn man sich mit dem Sterbenden nicht mehr intensiv austauschen kann.

Natürlich gibt es bei der Begleitung auch Grenzen. Kein Begleitender sollte etwas tun, etwas sagen oder gar etwas versprechen, was er nicht einzuhalten gewillt ist. Unwahrheiten haben in der Sterbebegleitung keinen

Platz. Aber auch hier gilt, dass wir aus Barmherzigkeit oder Einsicht manchmal schweigen, manche Frage einfach nicht beantworten können oder wollen und zu unserer Unwissenheit stehen. Vertröstungen werden leicht durchschaut, und falscher Hoffnung wird nicht geglaubt. Klarheit, Wahrhaftigkeit und Einfühlungsvermögen helfen dem Sterbenden am meisten.

Sterbebegleitung geschieht freiwillig. Dies gilt für beide Seiten. In der ehrenamtlichen Begleitung sterbender Menschen ist dies aber in einem besonderen Maße gegeben, und hierin liegt auch eine große Chance. Ehrenamtliche Begleitung ist an keinen fachlichen Arbeitsauftrag gebunden und hat keine emotionale Verpflichtung. Hier ist eine Annäherungsphase und ein Kennenlernen Voraussetzung für die Begleitung. In dieser ersten Phase müssen beide Seiten entdecken, ob sie zueinander passen. In einigen Beispielen in diesem Buch wird dies näher beschrieben (→ Seite 199 ff.). Es ist wichtig, darauf zu achten, dass auch ein Sterbender das Recht hat, einen Begleiter oder eine Begleiterin abzulehnen. Die Gründe dafür sind nicht zu diskutieren. Vielleicht passt es einfach wirklich nicht. Die Ablehnung eines Begleiters oder einer Begleiterin bedeutet aber nicht die Ablehnung von Begleitung generell. Meist hat derjenige schon eine Wahl getroffen und jemand anderen seinen Bedürfnissen entsprechend einbezogen.

Was mache ich, wenn ich um Begleitung gebeten werde und eigentlich gar nicht will?

Dies ist weniger ein Problem in der ehrenamtlichen Begleitung als in der Begleitung durch nahe Verwandte oder Freunde. Aber auch als Arzt, Pfleger, Seelsorger etc. kann ich erleben, dass ein Mensch von mir mehr wünscht als nur fachliche Betreuung. Darf ich mich dem entziehen? Darf ich deutlich Nein sagen? Oder muss ich irgendwie durch diese Situation durch?

Natürlich darf jeder Ja oder Nein sagen. Aber so einfach ist es in der Praxis nicht. Es tauchen Schuldgefühle auf, z. B.: »Ich lasse einen Menschen im Stich.«

Es gibt innere Verpflichtungen: »Dies bin ich dem anderen eigentlich schuldig.«

Es gibt auch das Sich-Drücken vor Verantwortung: »Eigentlich sollte ich hier nicht kneifen, aber ich bin dafür nicht zuständig; oder: »Ich kann mich einfach nicht dazu überwinden.«

Es gibt die Angst vor der Situation generell: »Ich habe noch nie einen Menschen sterben sehen, und davor habe ich Angst.«

All diesen Menschen kann ich nur sagen: Wagt es, und Ihr werdet (in fast allen Fällen) reich beschenkt. Steht zu der Angst, steht zu der Verantwortung, steht zu Eurer Liebe, und steht zu Eurer Skepsis, ob Ihr das überhaupt schafft! Aber tut es so, wie Ihr es könnt, und es wird reichen.

Welche Kompetenz ist für die Begleitung notwendig?

Wer einen Sterbenden begleitet, braucht vor allem Offenheit für den Menschen und für den Prozess, in dem sich beide befinden. Das höchste Gut in der Begleitung ist Achtsamkeit, Respekt, Einfühlungsvermögen und liebevolle Zuwendung.

Begleitung braucht nur Liebe zu den Menschen. Dies ist gegenüber Menschen, mit denen wir nicht so eng verbunden sind, manchmal einfacher als gegenüber Menschen, mit denen uns eine lange Geschichte verbindet. Deshalb kann es sehr entlastend sein, wenn bei der Begleitung in der Familie zusätzlich ehrenamtliche Begleitung von außen hinzukommt. Dennoch fällt es uns bei dem einen Menschen leicht und bei dem anderen schwer, oder es ist überhaupt nicht möglich. Im Familienkreis stehen oft alte Verletzungen, unerfüllte Erwartungen, Streit, Vorwürfe und Unausgesprochenes im Weg. In diesen Fällen hilft es, nachzuspüren, für welche Liebe man trotzdem danken kann. Und in jeder Beziehung gibt es solche Erfahrungen der Liebe, egal, wie gelungen oder misslungen die Beziehung insgesamt ist.

Solange der Sterbende sich mitteilen kann, scheint die Begleitung einfach zu sein. Man kann miteinander reden. Was aber tun, wenn wir nicht mehr miteinander reden können? Eine Regel aus der Kommunikationswissenschaft besagt: Man kann nicht nicht kommunizieren. Oder anders gesagt: Es gibt immer eine Art und eine Möglichkeit der Verständigung, ob verbal oder nonverbal, ob im Spüren der emotionalen Befindlichkeit oder der Atmosphäre im Raum. Es gilt, die Kleinigkeiten und Gesten zu beachten, es gilt, beispielsweise das Schließen oder Öffnen der Augen, das vorsichtige Abwenden, das zarte Kopfschütteln, den leichten Druck der Hand oder der Finger, die sich beschleunigende oder beruhigende Atmung wahrzunehmen.

Auch eine nicht gegebene Antwort ist eine Antwort. Wer etwas nicht will, der macht oft gar nichts. Auch das ist eine Aussage. Vertrauen Sie darauf, dass der Sterbende selbst weiß, was er braucht. Wer dem Sterbenden die Führung überlässt, vermeidet Übergriffe und – so gut es geht – Fremdbestimmung des anderen. Der Sterbende bestimmt den Prozess und den Weg, zumindest aber bestimmt er ihn mit.

Vieles in der Begleitung geschieht intuitiv, manches kann man lernen. Für Familienmitglieder und für ehrenamtlich Tätige in der Hospizarbeit gelten dabei unterschiedliche Regeln, und es sind unterschiedliche Kompetenzen gefordert. Während bei Familienmitgliedern aufgrund ihrer engen Beziehung zum Sterbenden keine Schulung vorausgesetzt werden kann, ist eine Schulung ehrenamtlicher und hauptberuflicher Mitarbeiter in der Hospizarbeit eine unabdingbare Notwendigkeit. In diesem Buch kann es nicht um die Standards für diese Schulung gehen. Aber grundsätzlich gehört die Bereitschaft dazu, sich mit dem eigenen Leben, Sterben und dem Tod auseinanderzusetzen. Dies führt zu einer Begegnung mit sich selbst und zur Selbsterkenntnis und schafft die Grundlage, keine eigenen unerledigten Probleme in die Begleitung hineinzutragen. Darüber hinaus sollten auch die Begleiter begleitet werden. Ich benutze hier mit Vorsicht den Begriff *Supervision*, weil es um eine Supervision geht, die nicht nur auf die Tätigkeit und ihr Umfeld schaut, sondern auch auf die emotionalen und geistlichen Erfahrungen, die der Einzelne persönlich macht.

Allerdings wäre und ist die Begleitung der Begleitenden auch für Familienmitglieder ausgesprochen hilfreich. Ich kann dies aus eigener Erfahrung bestätigen. Vier Wochen vor dem Tod meiner Mutter – nach mehr als fünf Jahren Pflege – nahm mich ein sehr kompetenter und geschätzter Kollege beiseite und bot mir ein Gespräch an. Erstaunlicherweise konnten wir uns dabei auf ein persönliches Gespräch einlassen und unsere bisherige berufliche Situation außer Acht lassen. Das Gespräch erwies sich für mich als ausgesprochen hilfreich und heilsam. Ich ging entlastet und wesentlich freier in die schwere Zeit danach.

Wir brauchen eine Beratung oder geistliche Begleitung oder (Einzel-)Supervision für Angehörige, um kurzfristig ihre Sterbebegleitung reflektieren zu können. Auch wenn einige ambulante Hospize dies mittlerweile für ihre Klientel anbieten, bedarf es darüber hinaus eines allgemeinen Netzwerkes.

Wie viel Wahrheit braucht und verträgt der Sterbende?

Wahrheit ist ein hohes Gut und so wichtig, dass wir damit nicht fahrlässig umgehen sollten. Wahrheit ist verwandt mit Wahrnehmen. Doch nicht alles, was wir wahrnehmen und was wir zu wissen meinen, ist für einen anderen hilfreich. Aber vieles, was wir wahrnehmen und daraufhin tun, kann heilsam und hilfreich sein. Ich denke nur daran, wie notwendig es ist, darauf zu achten, dass der Mund eines Sterbenden nicht trocken wird.

Es gibt keine abstrakte Wahrheit. Wahrheit muss sich in der Situation als barmherzig und hilfreich erweisen. Es ist nicht barmherzig und hilfreich, einem Sterbenden zu sagen, dass er noch zwei Wochen zu leben hat. Wer weiß dies schon genau? Hilfreicher ist es, solches Wissen für sich zu behalten und zu fragen: »Gibt es etwas, was ich in der nächsten Zeit für dich tun kann?«

Oft spürt der Sterbende viel früher und klarer, dass seine Lebenszeit zu Ende geht, und es ist Aufgabe des Begleitenden, das wahr und ernst zu nehmen.

Begleitung bei Konflikten

Manchmal werde ich gefragt, ob es möglich und sinnvoll ist, einen Sterbenden zu begleiten, mit dem man sich nicht versteht, mit dem man zahlreiche ungelöste Konflikte hat, mit dem man unversöhnt auseinandergegangen ist oder mit dem man noch im heftigen Streit lebt? Dies betrifft vor allem die engeren Angehörigen.

Vor einiger Zeit erzählt mir eine Frau in der Begleitung von dem zerrütteten Verhältnis zu ihrem Vater. Er war offenbar ein schwieriger Mensch und machte es seiner Umgebung oft nicht leicht. Als er unheilbar erkrankte, bat er ausgerechnet seine Tochter, ihn in ihrem Heim zu pflegen. Sie brachte es nicht über das Herz, Nein zu sagen, sondern entschied sich nach einiger Überlegung für ein bewusstes Ja. Sie legte die Spielregeln fest und verhielt sich entsprechend. In den Augen der Tochter hatte der Vater dies ja nicht wirklich verdient. Es war eigentlich eine Gnade, und zwar im doppelten Sinn: Die Tochter war dem Vater gegenüber gnädig, und die Situation wandelte sich in den letzten Lebenswochen zu einem weitgehend versöhnten Verhältnis. Die Tochter hatte etwas getan, was sich sicherlich für ihr weiteres Leben als gut und hilfreich erwies. Auch der Vater hatte möglicherweise erlebt, dass Wandlung, Veränderung und Versöhnung – unverdientermaßen – geschehen kann und geschieht.

Mit diesem kleinen Beispiel will ich zeigen, dass auch in solchen Situationen Sterbebegleitung möglich und sinnvoll ist. Nicht als moralische Anforderung, sondern als eine Einladung, alte Konflikte und Muster nicht fortzusetzen und weiterzutragen. Sterben bietet eine Chance, destruktive Verhaltensweisen zu verändern.

Spirituelle Begleitung – was ist das?

Sterbebegleitung ist spirituelle Begleitung

Spirituell im weiten Sinne meint alle religiöse Sinnfindung und Sinnsuche. Auch *religiös* meint in diesem Zusammenhang *Religion* im umfassenden Sinn. Religiös ist mehr als evangelisch und katholisch, mehr als ökumenisch, mehr als christlich, mehr als die drei abrahamitischen Religionen (Judentum, Christentum und Islam), mehr als Hinduismus und Buddhismus. Religion beinhaltet das Bemühen des Menschen, sich in einem geistlichen Kontext zu bewegen, der ihm Sinn und Orientierung im Leben und Sterben gibt. Dabei werden sich die einen Menschen in ihrem eigenen kulturellen Zusammenhang und in vertrauten Traditionen bewegen, andere werden auf das zugehen, was sie augenblicklich interessiert und anspricht. Sie orientieren sich vielleicht gerade vom Vertrauten weg, vielleicht weil das Vertraute mit Enttäuschung verbunden ist, vielleicht weil das Vertraute nicht neu entdeckt werden kann, vielleicht weil das Neue und Andere frei von Belastungen erscheint.

Da es um die Grundfragen des Lebens geht, wird jeder Einzelne seine eigene Antwort suchen und hoffentlich finden. Das ist für die Begleitung von großer Bedeutung. Ausgesprochen oder unausgesprochen spielt unsere Einstellung zum Leben und Sterben, unsere Vorstellung vom Wert und Sinn des Menschseins, unsere Hoffnung für die Zeit nach dem Tod eine wesentliche Rolle in der Begleitung. *Spirituelle Sterbebegleitung* bedeutet genau dies: sich im Prozess der Begleitung diesen Fragen zu stellen, nicht unbedingt Antworten zu kennen, aber sie zu wagen, wenn danach gefragt wird. Unsere Einstellung zum Sterben und Tod wird sich in der Art widerspiegeln, wie wir auf die Ängste und Hoffnungen des anderen eingehen, wie wir ermutigen oder ob wir uns eventuell verweigern und schweigen. Dabei geht es nicht um richtig oder falsch, auch nicht darum, Einsichten und Deutungen festzuschreiben, sondern es geht im Gegenteil um ein offenes Miteinander, in dem nicht selten der Sterbende zum Lehrmeister des Zurückbleibenden wird.

Zu einigen Grundlagen des christlichen Glaubens und des Sterbens haben wir *Michael von Brück* Fragen gestellt, die er aus seiner Kenntnis der verschiedenen Religionen heraus beantwortet. Sie können als Anregung dienen, zu eigenen Antworten zu finden.

Herbst

Die Blätter fallen, fallen wie von weit,
als welkten in den Himmeln ferne Gärten;
sie fallen mit verneinender Gebärde.

Und in den Nächten fällt die schwere Erde
aus allen Sternen in die Einsamkeit.

Wir alle fallen. Diese Hand da fällt.
Und sieh dir andre an: es ist in allen.

Und doch ist Einer, welcher dieses Fallen
unendlich sanft in seinen Händen hält.

Rainer Maria Rilke

Tod und Leben – eine der religiösen Grundfragen

Michael von Brück

1 Was ist Tod und Sterben?

Der Tod ist ein Aspekt des Lebens. Das Sterben ist die letzte Phase des Lebens, die unmittelbar zum Tod führt. Der Tod ist die Kehrseite des Lebens; er ist nicht erst das Ende des Lebens, sondern ständiger Begleitprozess, der Leben erst ermöglicht: Dem Absterben von Zellen oder einiger Teilsysteme des lebenden Organismus folgt die Erneuerung von Zellen oder einzelner Funktionen. Das, was wir meinen, wenn wir von dem Tod sprechen, ist das Ende des Funktionszusammenhanges des biologischen Gesamtsystems, das wir Individuum nennen.

Das aber, was ein Individuum charakterisiert, was wir unter Leben und Leiden, Gesundheit und Krankheit verstehen, das alles ist Interpretation und Deutung, die kulturell ganz verschieden sein kann. Der Tod ist also einerseits ein objektivierbares biologisches Faktum, andererseits aber ist er im Kontext kultureller Erfahrungen und Diskurse das Resultat inter-subjektiver Verständigungen und nicht objektivierbar. Jeder Mensch wird sowohl in einen biologischen als auch in einen sozialen Körper hineingeboren, der die entsprechenden Erwartungen, Hoffnungen, Ängste, Metaphern und Diskurse überliefert. Erst in dieser Doppelgestalt als biologisches und kulturelles Phänomen ist der Tod erfassbar. Die biologischen und medizinischen Wissenschaften können zwar die biologischen Prozesse beschreiben, doch die Frage nach dem, was der Tod für jeden einzelnen Menschen bedeutet, ist nicht trennbar von der Frage nach dem Sinn des Lebens. »Sinn« aber ist nicht ein »Etwas«, sondern ein Gedanke. Sinn entsteht in unserem Bewusstsein. Und dieses wird geprägt durch unsere Sprache, die Bilder, in denen wir aufwachsen, durch intersubjektive Bezüge also.

Die Frage nach dem Sinn wird kulturell verschieden gestellt. Insofern Religionen Deutungen von Sinn und Orientierung in einem letztgültigen Zusammenhang anbieten, ist das Problem von Tod und Leben eine der religiösen Grundfragen schlechthin.

Die Bedeutung des Lebens spiegelt sich im Verständnis des Todes, und umgekehrt zeigt die Art und Weise des Umgangs mit dem Tod, welche Erwartungen man an das Leben hat. Diese variieren nicht nur in einzelnen Religionen, sondern unterliegen auch innerhalb einer Kultur einem dramatischen Wandel.

❷ Erzählen Nahtoderfahrungen etwas über den Tod, das Sterben und die Zeit danach?

Interessanterweise zeigen nicht nur theologische, sondern auch zahlreiche medizinische, psychologische und religionswissenschaftliche Studien, wie stark das Thema emotional besetzt ist und wie gravierend die Vorannahmen und -urteile sind, z. B. hinsichtlich der Hoffnung, in diesen Erfahrungen Hinweise auf ein mögliches Leben nach dem Tod zu finden, die weit über die traditionellen (kirchlichen) religiösen Sprachformen hinausgreifen. Nahtoderfahrungen sind immer Erfahrungen von Sterbenden, also von Menschen, die nicht tot waren, und so sagen sie etwas über den Sterbeprozess, nicht aber über den Tod. Die Debatte über diese Erfahrungen trägt aber erheblich dazu bei, dass Sterben und Tod Themen sind, denen sowohl in der Öffentlichkeit als auch im wissenschaftlichen Rahmen neue Aufmerksamkeit zuteilwird.

❸ Woher wissen wir Menschen von einer Existenz, die über die gewöhnliche raum-zeitliche Erfahrung hinausgeht?

Erstens durch die kulturelle Überlieferung: In allen Religionen chinesischen, indischen, persischen, sumerisch-akkadischen, ägyptischen, semitischen, afrikanischen, ozeanischen, amerikanischen und europäischen Hintergrundes wird in irgendeiner Form ein geistiges Prinzip vom Körper unterschieden, das mit dem Ende der körperlichen Struktur und Funktionen nicht zu Grunde geht.

Zweitens durch Beobachtung: Im Vorgang des Sterbens treten Erscheinungen von Licht und Geborgenheit sowie das Gefühl, außerhalb des Körpers zu sein, unabhängig voneinander in verschiedenen Kulturen auf.

Diese Erlebnisse sind zwar noch an die raum-zeitlichen Koordinaten menschlicher Erlebnisweisen gebunden, werden aber in verschiedenen Religionen als Hinweis auf Sphären des Geistigen gedeutet, die den physischen Tod überdauern, zumal Erfahrungen in tiefer Versenkung des Bewusstseins während der Meditation, die willentlich herbeigeführt werden kann, in eine ähnliche Richtung weisen.

Drittens durch ein logisches Argument: Das Bewusstsein hat das Potenzial, über die sinnliche Welt hinaus zu denken. Die Sehnsucht nach einem Ausgleich der Disharmonie zwischen Sein und Vermögen oder wirklichem Erleben und möglichen Hoffnungen weist darauf hin, dass die Welt, wie sie sinnlich-körperlich erlebt wird, nicht *alles* ist. Da Bewusstsein eine Wirklichkeit ist, die wirkt und auch den Körper steuert, kann es vernünftig sein anzunehmen, dass mentale Zustände zwar, solange wir leben, an körperliche Funktionen gebunden sind, dass das *Wesen des Bewusstseins* sich darin aber nicht erschöpfen müsse.

Viertens durch Offenbarung: Dies ist eine Erkenntnisquelle, die nur die sogenannten Offenbarungsreligionen akzeptieren. Danach hat Gott oder eine höhere Wirklichkeit sich einigen auserwählten Menschen in der Vergangenheit zu erkennen gegeben und Erkenntnisse mitgeteilt, die dem normalen menschlichen Bewusstsein nicht zugänglich sind.

Bei den religiösen Vorstellungen hinsichtlich eines Lebens nach dem Tod gibt es keine Übereinstimmung der Meinungen zwischen den unterschiedlichen Kulturen (consensus populorum). Zu verschieden sind die Aussagen der Religionen über den Menschen, die Seele, Gott und die Welt. Im Gegenteil: Es lässt sich religionsgeschichtlich zeigen, dass diese Vorstellungen abhängig sind von der kulturellen und sozialen Entwicklung in den jeweiligen Gesellschaften, die wiederum einer fortwährenden Veränderung unterliegen.

4 Hoffnung – was ist das? Wodurch ist sie begründet?

Aufgrund des Zeitbewusstseins können sich Menschen eine Zukunft vorstellen, die anders ist als das gegenwärtig real Erlebte. Die denkende Imagination überwindet damit das Haften am Gegebenen und entwickelt Bilder der Hoffnung. Hoffnung ist Ausdruck des Kreativen im Menschen, der sich über den Ist-Zustand erhebt. Hoffnung erzeugt ein Spannungsverhältnis, nämlich die Kluft von Wirklichkeit und Anspruch, von Sein und Sollen bzw. Wünschen. Aber Hoffnung ist zugleich Inbegriff der Aufhebung dieses Widerspruchs.

Hoffnung hat eine individuelle und eine gesellschaftliche Seite. Auf der einen Seite hat jeder Mensch Hoffnungen für sein eigenes Leben, und diese Hoffnungen kreisen nicht nur, aber doch zentral auch um die Frage nach der Grenze des Lebens, d.h. nach dem Tod und einem möglichen Jenseits. Auf der anderen Seite kann jeder Mensch als Mensch nur in einer Gesellschaft existieren, denn er ist, was er ist, in Beziehung zu anderen Menschen. Die Gesellschaft ermöglicht Leben und schränkt gleichzeitig mögliche Lebensgestaltung ein. Auch hier kreisen die Hoffnungen um die Möglichkeiten der Grenzüberschreitung dessen, was ist, also um eine Veränderung der gesellschaftlichen Zustände. In vielen Gesellschaften und besonders in den entsprechenden Religionen können wir beobachten, wie sich beide Dimensionen der Hoffnung in gegenseitiger Abhängigkeit ausgestalten und verändern.

Die christliche Gestalt der Hoffnung hängt damit zusammen, dass Gott sich als Mensch zeigt, dabei aber seine Gottheit nicht einbüßt. Dies gilt als ein *Geheimnis*. *Geheimnis* ist die deutsche Übersetzung des griechischen Wortes *mysterion*. Dieses Wort hatte zur Zeit des Paulus in der hellenistischen Antike einen besonderen Klang. Die *Mysterienkulte* der Griechen, besonders die Mysterien von Eleusis, zogen die Menschen in ihren Bann; sie waren mitgeprägt vom alten ägyptischen Jenseitsglauben: dem Sterben und Auferstehen, wie es der Gott Osiris repräsentiert, von der Wanderung der Seele im Totenreich und der Verwandlung in eine neue himmlische Existenz. Andererseits war es der Demeter-Kult, der den Menschen Hoffnung gab: So wie Demeter, die Mutter Erde, ihre Tochter Persephone beweint hatte, die von Hades in die Unterwelt entführt worden war, so weint der Mensch angesichts des unvermeidlichen Todes. Der läuternde Schmerz der Demeter hatte die Wandlung bewirkt, sodass Hades Persephone für einen Teil des Jahres freigab. Sie durfte nun als Frühling, als Blühen, Wachsen und Gedeihen ins Licht der Sonne zurückkehren, bevor Hades sie im Winter wieder zu sich zurückholte. Der Kreislauf der Natur endet nicht im Tod, sondern das Sterben ist Durchgang zu neuem Leben. Der Mensch, der sich in diese Mysterien hineinbegibt und sie bewusst erlebt, erfährt die Auferstehung an sich selbst. »Wenn das Weizenkorn nicht in die Erde fällt und erstirbt, so bleibt es allein; wenn es aber erstirbt, so bringt es viel Frucht« (Joh 12,24). Diese Metapher aus dem Johannesevangelium steht der Erfahrung der eleusinischen Mysterien nahe, und sie prägte die christliche Hoffnung auf das Geheimnis der Auferweckung von den Toten ganz erheblich mit. Geheimnis nicht als das, was man nicht wissen kann, sondern als der tiefere Zusammenhang der Wirklichkeit, der sich nur dem inneren Auge erschließt!

Der christliche Glaube verheißt einen »neuen Himmel und eine neue Erde«. Ewiges Leben bedeutet demnach nicht einfach die Verlängerung der Zeit, sondern einen Zustand jenseits der Erfahrungen, die wir von Raum und Zeit haben. Und es geht hier auch nicht um ein Fortleben des einzelnen Menschen in einer ansonsten vergänglichen Welt, sondern um eine vollständige Verwandlung der Welt, wie sie hier und jetzt existiert. Das ist eigentlich nicht vorstellbar.

5 Umfragen zeigen, dass Menschen mit Auferweckung und Auferstehung wenig anfangen können! Was bedeutet das?

Vielen zeitgenössischen Menschen sind, zumindest in Europa, die alten Erzählungen und Erfahrungen, die in den Religionen überliefert werden, suspekt geworden. Sie zweifeln. Ein purer Materialismus, der das Schicksal des Menschen aus blindem Zufall ableitet, befriedigt aber offenbar nur wenige. Wir erleben die Pluralität der Deutungen, und jeder kann, soll und darf nach seiner eigenen Fasson selig werden, wie es seit der Aufklärung heißt. Damit ist aber nicht gesagt, wie man überhaupt zu einer Fasson kommt; sicher nicht durch Wegschauen, Verdrängen oder beliebige Collagen von dem, was gerade Mode ist, sondern wohl eher durch bewusste Auseinandersetzung, durch Nachdenken, das logisch verantwortetes Nachsinnen auf der Basis der eigenen Erfahrungen wie der anderer ist. Wir sind und bleiben immer auf das Gespräch angewiesen, auf das Gespräch mit unseren Vorfahren und unseren Nachbarn.

Christliche Hoffnung gründet in der Auferweckung Christi von den Toten durch Gott. Das, was im Christentum als Auferweckung bezeichnet wird, ist das neue Leben jenseits des Todes des alten, in sich selbst verstrickten und egozentrischen Menschen. Denn in der Kraft der Auferweckung wohnt Gott bei und in den Menschen, so, wie er in Jesus gegenwärtig war. Dabei ist mit Auferweckung weder das bloße Fortleben der Seele nach dem Tod noch eine Rückkehr des Toten in das gewöhnliche Leben gemeint, sondern eine völlige Verwandlung, ein *Erwecktwerden* von Körper und Geist zu einer neuen, transzendenten Existenz. Diese Vorstellung ist nicht auf das Individuum beschränkt, sondern gipfelt in der Idee einer neuen Gemeinschaft aller, in der apokalyptischen Vollendung des Himmlischen Jerusalem, wo Gott nicht mehr getrennt ist von der Welt:

»Und ich sah keinen Tempel darin; denn der Herr, der allmächtige Gott, ist ihr Tempel und das Lamm. Und die Stadt bedarf keiner Sonne noch des Mondes, dass sie ihr scheinen; denn die Herrlichkeit Gottes erleuchtet sie« (Apk 21,21–22).

Daraus folgt, dass die christliche Hoffnung auf Auferweckung oder Auferstehung von den Toten letztlich auf die allumfassende Liebe Gottes zurückgeführt wird, denn »Liebe hofft alles« (1 Kor 13,7), d.h., sie sieht das Gute in und hinter allem, auch im Widerständigen und Widerwärtigen. Sie kann darum zwar nicht das Böse, wohl aber den, der böse handelt, ohne jede Vorbedingung akzeptieren als den Menschen, der er sein wird und durch Gottes Liebe verborgen schon jetzt ist, auch wenn das dem Betreffenden nicht bewusst ist.

6 Worauf können wir letztendlich vertrauen?

Vertrauen? Angesichts des entsetzlichen Leidens in der Welt? Gibt es etwa nicht das Böse, das unsägliche Leiden, die Niedertracht und Verzweiflung?

Der sorgsame und schonungslos ehrliche Umgang mit dieser Frage führt zum Kern jeder Spiritualität. Wir müssen unterscheiden: Es gibt Leiden, das aus der Vergänglichkeit (Sterben und Tod) sowie Veränderlichkeit der Natur (Naturkatastrophen) kommt. Kampf und Ausgleich der Gegensätze, auch im menschlichen Geist, sind eine Folge davon. Leben und Sterben sind zwei Seiten eines Ganzen, Vergehen und Neuwerden ist der Prozess des Lebens. Der Mensch hat die Intelligenz, sich darauf einzurichten, doch er leidet trotzdem. Es ist aber möglich, dieses Leiden so zu erfahren, dass es in einem größeren Zusammenhang aufgehoben wird und – »von guten Mächten wunderbar geborgen« (*Dietrich Bonhoeffer*) – gelegt werden kann in die Quelle des Urvertrauens, die manche Gott nennen, andere schweigend verehren, die freizulegen jedenfalls Inbegriff der Zen-Praxis ist. Und dann gibt es Leiden, das Menschen verursachen aus Aggressivität, Bosheit und Dummheit. Übermäßige Aggression mag eine Reaktion auf das Gefühl von Ohnmacht und Unsicherheit sein, das wir schon in frühester Kindheit erwerben; Bosheit als Gier und Hass mag der Versuch der Selbstbestätigung sein bzw. die Reaktion, wenn die Selbstbestätigung versagt wird – in jedem Fall wurzeln die boshaften Gedanken und Taten des Menschen in der Unwissenheit darüber, wer er selbst ist. Wer sich selbst als unfähig erlebt und für schwach oder einsam hält, wird dieses Gefühl von Mangel durch Aggression oder Autoaggression kompensieren. Solche Haltungen mutieren zu kulturellen Mustern, die dann durch

Erziehung über Jahrzehnte und Jahrhunderte *vererbt* werden, sodass der Eindruck von der unabänderlichen Gewalt des Bösen entsteht. Wer aber nicht nur intellektuell, sondern im tiefsten Grund seines Geistes *erkennt*, dass er nichts anderes ist als das konkret gewordene Leben Gottes, wer erfährt, dass er im Atem und in jeder Bewegung des Leiblichen, Seelischen und Geistigen mit allen anderen Lebewesen verbunden ist, dessen Geist geht in der Faszination von Hingabe, Liebe und Freude völlig auf. Einem solchen Menschen ist Liebe kein Gebot, sondern ein spontaner Ausdruck des Lebendigseins.

Brück, Michael von: Ewiges Leben oder Wiedergeburt? Sterben, Tod und Jenseitshoffnung in europäischen und asiatischen Kulturen. Verlag Herder. Freiburg 2007. (Taschenbuch 2011)
Rager, Günter/Brück, Michael von: Grundzüge einer modernen Anthropologie. Vandenhoeck & Ruprecht Verlag. Göttingen 2012

Spirituelle Begleitung als geistliche Begleitung

Spirituell im engeren Sinne bezieht sich auf die christliche Tradition im Allgemeinen. Im Begriff *spirituell* steckt das Wort *Spiritus* oder *Spirit*. Dies bedeutet *Geist* und meint hier den *Heiligen Geist*. Spirituell in der christlichen Tradition bedeutet also, sich auf die Energie und die Kraft dieses Geistes einzulassen.

Spirituelle Begleitung ist also geistliche Begleitung. Geistliche Begleitung ist dabei ein Fachbegriff, der bestimmte Regeln kennt: Geistliche Begleitung geschieht durch ehrenamtliche und beruflich Mitarbeitende, die von einem Menschen um Begleitung gebeten werden.

Damit wird deutlich, dass geistliche Begleitung ein Angebot ist, das Menschen wahrnehmen können. Dieses Angebot wird in der Regel nicht beworben und geschieht in der Regel kostenfrei. Es gibt Weiterbildungsangebote für Menschen in den großen Kirchen, die andere Menschen geistlich begleiten wollen.

Diese geistliche Begleitung geschieht in Verabredung untereinander, und die Methode dabei ist meistens das Gespräch. Das Thema in der geistlichen Begleitung wird in hohem Maße durch den bestimmt, der Begleitung sucht. Vier Themen sind die Schwerpunkte in der Begleitung: Gott, die eigene Person, andere Personen sowie die Mitwelt, die Schöpfung.

Ein gutes Beispiel für gelungene geistliche Begleitung ist die Geschichte der Emmaus-Jünger in *Lukas* 24, 13–35. *Kristiane* Voll hat auf diese Geschichte in ihrem Artikel schon hingewiesen:

Jesus wurde am Kreuz von den Römern und von Teilen der jüdischen Oberschicht angeklagt, verurteilt, hingerichtet und in ein Grab gelegt.

Einige Frauen hatten nach dem Tod Jesu neue Erfahrungen mit ihm gemacht. Obwohl er tot war, begegnete ihnen Jesus.

Seine Schüler, besonders die Männer, kehrten in ihre Heimat zurück und gingen ihren ursprünglichen Berufen wieder nach.

Zwei der Schüler (Jünger) machten sich von Jerusalem auf nach Emmaus. Unterwegs unterhielten sie sich über das Geschehen in den letzten Tagen. Ein Fremder schloss sich ihnen an, und sie klagten ihm ihr Leid. Durch Fragen und Hinweise half der Fremde ihnen die Situation des Abschiedes und auch das Leben Jesu zu verstehen.

Sie erzählten auch ihre Verwunderung, dass die Frauen Jesus neu begegnet waren.

Am Abend kam sie in ein Dorf. Dort machten sie Rast und luden den Fremden ein, bei ihnen zu bleiben. Als das Essen aufgetragen war, nahm der Fremde das Brot, dankte, brach es und gab es ihnen. Dies waren die Worte und Gesten, die sie vom letzten Abendmahl einige Tage zuvor mit Jesus kannten.

Das Geschehen öffnete ihnen die Augen, und sie merkten, dass ihr Herz schon unterwegs gebrannt hatte: Sie waren in dem Gespräch mit dem Begleiter lebendig geworden. Sie erkannten den Begleiter: Es war Jesus. In dem Moment aber, als sie Jesus erkannten, war er verschwunden. Der Verstorbene war ihnen neu begegnet, aber er war nicht festzuhalten.

Sie kehrten nach Jerusalem zurück.

Diese Geschichte beschreibt verschiedene Phasen, die in der Begleitung eines Menschen vorkommen:

Wir suchen in einer Krise das Vertraute. Hier ist es der Versuch, nach Hause zu gehen.

Sie werden im wahrsten Sinne des Wortes begleitet. Der Wegbegleiter (hier im doppelten Sinne des Wortes) lässt die Klagen und Enttäuschungen zu. Seine Fragen und Hinweise helfen, die Situation zu verstehen und zu deuten.

Die Begleitung geht über das Reden hinaus. Es entsteht Gemeinschaft, und es erfolgt ein Erkennen des Wesentlichen.

Es entsteht neue Lebendigkeit. Die beiden Jünger Jesu können wieder fühlen, sie brauchen den Schmerz und die Traurigkeit nicht auszuklammern. Sie spüren, wie ihr Herz brennt – ein wunderbares und heilsames Bild.

Das Erkannte (der Erkannte) lässt sich nicht festhalten. Das Alte ist vergangen und nicht wiederholbar, es ist alles neu geworden.

Die beiden Männer stellen sich dieser Verantwortung und kehren zu ihren Aufgaben nach Jerusalem zurück.

Dieses Beispiel verbindet geistliche Begleitung mit Sterbebegleitung. Die Männer begeben sich auf eine neue Suche, ja Sinnsuche, und finden diesen Sinn wieder neu. Die Begleitung ist nicht abgesprochen, sondern sie ergibt sich aus der Situation des gemeinsamen Weges.

In der Sterbebegleitung gehen wir genauso miteinander einen gemeinsamen Weg, und manchmal ergibt sich aus diesem Weg schlicht und einfach die Begleitung. Der Begleitende ist wirklich anwesend (im Sinne von präsent) und beteiligt sich durch aktives Hören und Fragen. Für die geistliche Begleitung ist es typisch, dass auch Hinweise zum Verständnis der Situation gegeben werden. Meist werden diese Hinweise offen und weit formuliert. Man kann sie annehmen oder nicht. Diese Hinweise können Nachwirkungen haben, und manchmal werden sie, wie in der Geschichte, erst später verstanden.

Noch einen letzten, wichtigen Hinweis gibt uns die Geschichte, der auch für die Sterbebegleitung grundlegend sein kann:

In der Emmaus-Geschichte begleitet Jesus die Männer. Dies ist auch ein Hinweis darauf, dass letztlich Gott bzw. Jesus den Menschen begleitet. Wir Menschen, die wir andere begleiten, sind so etwas wie ein Mittler oder eine Verbindung für diese Gegenwart des Göttlichen in und um uns. Diese Gegenwart des Göttlichen, die die Jünger in der Begegnung mit Jesus erfahren haben, erleben wir durch die Begegnung mit der Kraft und Energie Gottes, seinem Geist, der uns tragen und erfüllen will.

Hier schließt sich der Kreis: Ganz am Anfang sprachen wir über den *Geist*, den Heiligen Geist. In der jüdisch-christlichen Tradition wird der Geist – der Atem Gottes – dem Menschen eingehaucht und ihm so das Leben geschenkt. In der hebräischen Sprache ist das Wort für Atem, Geist, Windhauch, Kraft und Energie gleich. Mit jedem Atemzug kann uns bewusst werden, dass Gott gegenwärtig ist. Der Mensch muss dafür nichts tun und nichts leisten. Er muss nicht vorbildlich gelebt oder gar ein vollkommenes Leben geführt haben. Gott ist gegenwärtig, im Leben und Sterben, im Tod und darüber hinaus.

Dies kann für den Begleiter eines sterbenden Menschen eine große Entlastung sein. Er weiß, dass er mit seiner Begleitung nicht allein ist. Wir könnten sogar noch einen Schritt weitergehen und sagen: »Da Gott diesen Menschen begleitet, kann ich mit meinen Möglichkeiten, wie gering sie auch sein mögen, diesen ebenfalls begleiten. Dies schützt vor Überforderung, dies macht das Mögliche möglich, und es erlaubt mir, authentisch und echt zu sein. Ich brauche nicht mehr zu geben, als ich kann.«

Gott ist ein begleitender Gott

Manche Menschen werden sicherlich fragen, ob es denn so sicher ist und gewiss, das Gott jeden Menschen begleitet? Auch dazu möchte ich auf eine biblische Geschichte (2 Mose 3) verweisen. In dieser Geschichte offenbart Gott seinen Namen und sein Wesen:

Mose war als Kind am Hof des ägyptischen Pharao aufgewachsen. Er hatte jüdische Eltern, aber er wurde als Findelkind von einer ägyptischen Prinzessin entdeckt. Sie ließ ihn ausbil-

den, und er wuchs mit seiner jüdischen Identität auch ägyptisch geprägt auf.

Eines Tages sah er einen Streit zwischen einem jüdischen Zwangsarbeiter und einem ägyptischen Aufseher. Er ergriff Partei und erschlug den ägyptischen Aufseher. Dies sprach sich herum, und er musste fliehen. Er floh in die Wüste, lernte dort seine Frau kennen und hütete in der Wüste die Schafe seines Schwiegervaters.

Eines Tages sah er bei dieser Tätigkeit in der nahen Ferne einen Dornbusch, der brannte, ohne zu verbrennen. Er ging näher heran, und eine Stimme sprach zu ihm: »Mose, ziehe deine Schuhe aus, denn dieser Boden ist heilig!« Mose tat wie ihm geheißen und trat näher heran. Er fragte die Stimme, die aus dem Dornbusch kam: »Wer bist du?«

Die Stimme antwortete:
Ich bin – dies ist mein Name und dies ist mein Wesen.
Ich bin – da!
Ich bin – dein Gott!
Ich bin – bei deinen Vorfahren gewesen.
Ich bin – mit dir auf allen deinen Wegen.
Ich bin – mit deinem Volk auch in Zukunft.
Ich bin der: Ich bin.

Die Begegnung Mose mit Gott ist für mich eine Schlüsselbegebenheit in meinem christlichen Glauben. Das Wesen Gottes wird als absolute Gegenwart *ich bin* beschrieben. Gott ist da – in allem, was geschieht.

Zum Menschsein gehören Unvollkommenheit, Begrenztheit, Leid, Schmerz, Traurigkeit, Krankheit und Sterben genauso wie Glück, Freude, Gesundheit, Staunen, Unmögliches vollbringen, Dankbarkeit, Ehrfurcht, begnadet sein. Und in allem ist Gott da.

Höllische und heilsame Urbilder

Wer sich mit der christlichen Tradition auseinandersetzt, findet gerade im Umfeld von Tod und Sterben Bilder und Vorstellungen, mit denen viele Menschen heute nichts mehr anfangen können oder die sie als schrecklich ablehnen. Bilder wie Hölle, Fegefeuer, Gericht, Totenreich oder auch Ewigkeit sind für viele unbegreiflich, und bei manchen erzeugen sie sogar Angst. Einige dieser Bilder waren in meiner Kindheit obendrein mit der Strafe durch Gott verbunden.

»Wenn du nicht brav bist, kommst du in die Hölle.« Meinen katholischen Klassenkameraden wurde mit dem Fegefeuer gedroht. Solche Bilder wurden oft missbraucht, um Menschen zu disziplinieren oder um Ihnen Angst zu machen.

Wenn sie von ihrer tieferen Bedeutung her erfasst werden, beschreiben sie jedoch Vorgänge und Erfahrungen, die uns in Verbindung mit dem Sterben vertraut sind.

So ist das Fegefeuer ein Bild des Reinigungsprozesses, den der Mensch in seinem Leben und Sterben durchschreitet. Manchmal muss auch Vergangenes geklärt und heilsam angeschaut werden. Dies kann ganz schön *heiß* und durchaus mit einem Fegefeuer vergleichbar sein. (Ein kleiner Hinweis: Dieses Bild ist nicht biblischen Ursprungs. Andere Bilder, z.B. von Hölle, vom Jüngsten Gericht oder vom Totenreich sind biblisch belegt.)

Unter der Hölle verstehen wir einen Ort oder eine Situation, in der wir für das einstehen müssen, was wir anderen oder auch der Schöpfung angetan haben. Im Sterbeprozess kann es durchaus geschehen, dass Menschen die Erfahrung machen, dass sie noch einmal oder auch zum ersten Mal für etwas einstehen, das sie getan haben.

Im Gegensatz dazu steht der Himmel, der Ort, an dem wir mit Gott zusammen sind, wo uns nichts mehr von Gott trennt. Wenn es im Sterben oft heißt: eingehen ins Licht, so meint es genau dies.

Das Bild vom Jüngsten Gericht beschreibt, dass jeder Mensch sich verantworten muss. In dem Bild – dass jeder Mensch irgendwann vor Gott steht – wird deutlich, dass niemand sich der Gerechtigkeit entziehen kann. Dies drückt die Hoffnung und die Sehnsucht aus, dass wenigstens bei Gott – wenn schon nicht im Leben – alle Menschen für ihr Tun und Handeln, für ihr Denken und für ihre Worte einstehen müssen.

Der Begriff *Totenreich* ist uns vertraut aus dem Glaubensbekenntnis und genauso aus dem Märchen von der *Herrin des Todes.* Nach den alten Vorstellungen ist dies der Ort, an dem sich die Toten befinden und an dem sie Geborgenheit erfahren. Manchmal ist diese Vorstellung auch in biblischen Texten enthalten, so kommt das Totenreich im *Hohen Lied* 8,6 vor und steht der Liebe gegenüber.

Das Wort *Ewigkeit* beschreibt etwas sehr Kostbares. In der Umgangssprache verstehen wir unter Ewigkeit die Zeit nach dem Tod, manchmal wird dabei die Ewigkeit mit Gott verbunden. Es ist dann die Zeit nach dem Tod, in der wir bei Gott sind. In einem weiteren Sinne ist die Ewigkeit in jedem Augenblick gegenwärtig, sie ist der Moment in dem der Mensch – außerhalb von Raum und Zeit, z.B. in der Meditation – Gottes Gegenwart wahrnimmt und in ihr präsent ist.

Spirituelle Sterbebegleitung und christliche Tradition

Nun wird mancher Leser sagen, dieses Christliche, diese christliche Grundhaltung ist mir fremd. Vielleicht war sie ihm immer fremd oder sie ist ihm fremd geworden.

Da dieses Buch aber den Titel *Spirituelle Sterbebegleitung* hat, unterstelle ich doch eine gewisses Interesse an Spiritualität. Doch reicht dies dafür aus, um Spiritualität zu leben oder gar weiterzugeben?

Ich stelle mir vor, dass Sie sich fragen: »Muss ich bei einem Sterbenden über Gott reden? Muss ich da beten, muss ich da Liedverse können?« Oder auch vorsichtig gefragt: »Muss ich mir meines Glaubens sicher sein, um einen Menschen begleiten zu können?«

Vielleicht stellen Sie sich die Situation vor, dass der Sterbende sie bittet, das Vaterunser mit ihm zu sprechen. Nun kann es sein, dass sie das Vaterunser gar nicht auswendig können oder es gar nicht beten wollen! Was tun Sie dann?

Spirituelle Sterbebegleitung sieht die Tradition des Christentums als eine Bereicherung in der Begleitung an. Dabei orientiert sich spirituelle Sterbebegleitung an einigen geistlichen Grundsätzen:

Der Mensch ist das Gegenüber, das Ebenbild Gottes.

Gott ist nur Liebe und kann nicht anders als lieben (*Frère Roger*, Taizé).

Der Mensch kann aus der Tradition alles das aufnehmen, was ihn fördert zu Gott und zum anderen Menschen hin.

Der Mensch sollte all das lassen, was in hindert, in einer guten Beziehung zu Gott und den anderen Menschen zu leben.

Der Mensch soll und darf die christliche Tradition befragen und auf die eigene persönliche Situation deuten.

Nehmen Sie es als Einladung, sich mit diesen Fragen und Ihrer Glaubensgeschichte auseinanderzusetzen. Finden sie Ihren Weg, und seien Sie in der Begleitung offen für das, was den Sterbenden trägt und was ihm den Übergang erleichtert.

Begleitung als spiritueller Erfahrungsweg

»Wer einen anderen begleitet und ihm zuhört, wird bisweilen, von seinem Gegenüber unbemerkt, selbst zum Wesentlichen geführt« (*Frère Roger*).

Wer einen anderen begleitet, macht eigene spirituelle Erfahrungen. Oft ist der Begleitende über diese Erfahrung überrascht, denn er hat nicht mit diesen Erfahrungen gerechnet. Das Sterben und der Tod lehren uns, das Leben wieder zu schätzen und verantwortungsvoll, achtsam und bewusst das eigene Leben zu gestalten.

Wir vollziehen vielleicht Rituale für und mit einem anderen Menschen, und dieser Mensch steht im Mittelpunkt des Geschehens. Wir erleben dies mit und sind doch nicht die *Hauptperson*. Wir sehen von uns selbst ab, um eines anderen willen. Der andere Mensch ist wichtiger als wir selbst. Dies sind spirituelle Erfahrungen.

Wir spüren in der Begleitung, dass wir nicht allein sind. Damit meine ich nicht in erster Linie andere Menschen, sondern die Anwesenheit des Göttlichen. Für manchen ist dies kaum wahrnehmbar, vielleicht noch am ehesten in den Ritualen oder im Augenblick des Sterbens oder der Zeit danach. Andere aber spüren die veränderte Atmosphäre sehr deutlich, die das unmittelbare Sterben umgibt. Sie spüren die Gegenwart eines besonderen Geistes.

Die grundsätzliche und eigentliche spirituelle Erfahrung liegt aber in etwas anderem. In der Begleitung eines sterbenden Menschen lernen wir, dass es wichtig ist, den anderen so sein zu lassen, wie er vom Ursprung her gedacht ist. Dies ist nicht immer einfach, weil wir uns – zumal bei Angehörigen – ein über Jahre gewachsenes Bild von ihm gemacht haben. Da haben es die ehrenamtlichen und beruflichen Begleiterinnen und Begleiter leichter. Sie sehen den Menschen, wie er jetzt ist. Sie kennen die Lebensgeschichte dieses Menschen nicht und können von ihr absehen. Sie sind nicht in die Verwicklungen und Verstrickungen einer Familie eingebunden, egal, ob es die wunderschönen oder die schwierigen Zeiten betrifft. Und vielleicht bekommt der Begleitende auch eine Ahnung davon, wie er vom Ursprung her gedacht ist.

Was ich damit meine, lässt sich an einem Bild aus *Psalm* 36,10 erläutern: »Du bist die Quelle des Lebens, in deinem Lichte sehen wir das Licht.«

Wenn das Göttliche wie eine Quelle ist, die uns stärkt, inspiriert und durchströmt, dann ist der Mensch wie der Bach, der kleine Strom, manchmal auch das Rinnsal, das aus der Quelle fließt. Aus dieser gemeinsamen Quelle fließen Millionen kleiner Ströme. All diese Ströme sind immer mit der Quelle verbunden, und dies bedeutet, dass wir im Leben und im Sterben *nie* vom Göttlichen getrennt sind. Wahrscheinlich nehmen wir diese Verbundenheit oft nicht wahr. Spiritualität lädt uns ein, diese Wahrnehmung Gottes zu intensivieren. Dies geschieht durch Achtsamkeit, Wachheit, liebevolle Zuwendung, Gegenwärtigkeit oder wie wir auch sagen: Durch unsere eigene Präsenz. Wo wir präsent sind, ist es leichter, die ewige Präsenz Gottes wahrzunehmen.

Nehmen wir das Bild von der Quelle noch einmal auf. Wenn wir also das Wasser sind, das mit der Quelle verbunden bleibt, dann sind wir auf unserem ganzen Lebensweg *Wasser.* Wir sind – bildlich gesprochen – Wasser und nicht die Orte, die Landschaften, die anderen Menschen, Tiere und Pflanzen am Ufer, sondern wir sind und bleiben das Wasser. Auf unsere Lebensgeschichte bezogen heißt dies, dass wir von den Orten und den Landschaften, von den Menschen und den Begegnungen zwar beeinflusst und auch geprägt werden, aber wir sind sie nicht. Wir sind auch nicht der Schutt und das Geröll, die Abfälle und der Schlamm, die der Fluss mit sich führt. Dies gehört zwar in den Fluss, aber es ist nicht der Fluss. Wir sind wir selbst. Wir sind Wasser. Oder wie es an anderer Stelle dieses Buches heißt: Wir sind letztlich *Ich bin,* das Ebenbild des ewigen »Ich bin.«

In der Begleitung eines sterbenden Menschen kann dies erfahren werden. Lassen wir uns darauf ein, wird spirituelle Begleitung zu einem spirituellen Weg.

Was können wir tun?

> Wer stirbt, bevor er gestorben ist,
> stirbt nicht, wenn er stirbt!
>
> *Abraham a Santa Clara, 1644–1709*

Für den Begleiter und die Begleiterin

Franz-Xaver Jans-Scheidegger hält seit Jahren Seminare zu den Themen: »Sterben und Leben«, die die Teilnehmenden bereits im Leben dazu einladen, sich mit dem Sterben zu beschäftigen. Diese Seminare, die jährlich unter anderem im Haus Dorothea, in Flüeli/Ranft (www.viacordis.ch) stattfinden, haben zwei Schwerpunkte. Zum einen ist das der Kontemplationsweg des Herzensgebetes, zum anderen ist dies die Aktive Imagination.

Kontemplation

Einfach da sein
Nichts tun müssen

Schweigen
Nichts reden müssen

Langsamer werden
Nichts antreiben müssen

Es geschehen lassen
Nichts beabsichtigen müssen

Allem in sich Raum geben
Nichts ausschließen müssen

Wahrnehmen, was ist
Nichts bewerten müssen

Alles kommen und gehen lassen
Nichts festhalten müssen

Sich ganz annehmen
Nichts ablehnen müssen

Sein dürfen
Nichts verändern müssen

Gegenwärtig sein
Nichts planen müssen

Sich der Stille überlassen
Nichts bewirken müssen

Ankommen
Nichts suchen müssen

In der Gegenwart Gottes verweilen
Nichts vorweisen müssen

Sich hingeben
Nichts mehr müssen

Rainer Moritz

Einübung in die Kunst des Sterbens

Franz-Xaver Jans-Scheidegger

Annäherung

Die Auseinandersetzung mit dem Tod begleitet mich seit meiner frühen Kindheit. Das große Thema von Wachsen, Aufblühen, Frucht bringen, Verwelken und Sterben (Verdorren) beobachtete ich im Garten und in den Obstplantagen meiner Eltern. Es ist und war für mich ein ganz natürlicher Prozess. Auch die Anliegen von bekannten Verstorbenen wurden ins tägliche Abendgebet einbezogen. Dass wir auch traurig wurden, wenn nahestehende Personen starben, gehörte zum normalen Alltag und ebenso, dass diese Menschen im *Jenseits* weiterlebten, wie die Erwachsenen sagten.

Das veranlasste mich, verschiedene Traditionen im Umgang mit Sterben, Tod und Trauern näher zu studieren. Oft bin ich ergriffen von der Schönheit und Hintergründigkeit der unterschiedlichen Rituale im Umfeld des Todes. Als totalen Gegensatz erlebe ich dazu die Tötungsmaschinerie moderner Kriegsführung und der Terrororganisationen. Gleichzeitig verdrängt unübersehbar der aktuelle Zeitgeist in unseren Breiten die Auseinandersetzung mit Sterben und Tod. Beides gehört mitten in unser Leben.

Auch die Mystik in den verschiedenen Traditionen befasst sich seit Jahrtausenden mit diesem Thema. Alle Völker kennen unterschiedliche Übergangs- und Sterberituale, sie sind auch eine Versöhnung mit dem Leben. Es gilt das Freigeben im Umfeld des Sterbens einzuüben. Die Kunst des Sterbens (*ars moriendi*) war im Mittelalter noch ein bewusster Lernprozess, damit dieses Geschehen in der Stunde der Entscheidung auch wirklich gelingt. Die Schritte dazu sind dem Klärungs- und Einsichtsweg innerhalb der Wandlungsprozesse in den mystischen Traditionen ähnlich.

Der Schweizer Mystiker *Niklaus von Flüe* suchte in seinem ganzen Streben das »einig Wesen mit Gott«. Um dieser Wirklichkeit näher zu kommen, fragte er sich stets, was ihn in diesem Bemühen hindere und fördere, ähnlich wie *Gerhard Tersteegen* in seiner Betrachtung Gott *ist gegenwärtig*: »Ich in dir, du in mir, lass mich ganz verschwinden, dich nur sehn und finden ...« Diesen Zustand erreicht jemand, der bereit ist, alle Projektionen auf die Umwelt und die persönlichen Ich-Fixierungen loszulassen. Wenn wir dieses Geschehen in einen meditativen Prozess einbetten, beschreiten wir einen Übungsweg, der in eine friedvolle Präsenz führen kann. Wir nähern uns einer Praxis an, die jede Phase des Abschieds in einem Sterbeprozess betrachtend vertieft, um in eine

Versöhnungshaltung hineinzufinden. Diese kann zu einer radikalen Klärung im persönlichen Leben führen. Im Folgenden wird ein möglicher *roter Faden* für ein meditatives Einüben von Sterben und Versöhnen gezeigt. Jeder Schritt beruht auf einer mehr als dreißigjährigen Erfahrung in der Sterbebegleitung.

Friedvolles Sterben

Es ist hilfreich, in der Ausschreibung eines *Sterbeseminars* die Teilnehmer in einem Orientierungsschreiben mit wichtigen Akzenten der anstehenden Vertiefungszeit vertraut zu machen. Es können dabei unter anderem folgende Hinweise angeführt werden: Der Prozess des Lebens vollzieht sich in der Auseinandersetzung von Werden und Vergehen. Dieses Wandlungsgeschehen fordert uns täglich heraus und schließt das Sterben als letzte Konsequenz ein. Im Freigeben und Loslassen üben wir die Kunst des Sterbens ein und finden einen neuen Zugang zu diesem Geschehen. Sterben ereignet sich nicht erst beim Eintritt des Todes. Es ist verknüpft mit vielen kleinen und größeren Abschieden, die oft mit einem Versöhnungsvorgang verbunden sind. Dieser schließt eine Reihe von Schritten ein: Einsicht – Danken – Abschiednehmen – Trauern – Verzeihen – Versöhnen – Neuwerden. In dieses Geschehen wird die gesamte Vielfalt verschiedener Lebenssituationen einbezogen. Versöhnen erweist sich als Erfahrungsweg durch alle Lebensalter und muss immer wieder neu entdeckt werden. Dabei können wir Vergangenes loslassen und neuen Perspektiven eine Tür öffnen. In diesem Geschehen wandelt sich der Mensch in eine wachsende Eigenständigkeit und persönliche Freiheit.

Die Frage: »Wie gehen wir in der gegenwärtigen Zeit mit unserem Leben und mit Todeserfahrungen um?«, stellt sich mehrmals im Leben. Wir sind vernetzt mit den globalen Umwälzungen und können immer wieder neu klären: »Was hindert mich oder was fördert mich in der Entfaltung des persönlichen Menschseins? Wie setzen wir unsere Akzente im Alltag? Wie erleben wir das Aufblühen und Verwelken der Lebenskräfte usw.?«

Im Sterbeprozess können wir erleben, dass jeder Mensch einmalig und kostbar ist, vom göttlichen Geheimnis bejaht und beim Namen gerufen (vgl. *Jes* 43, 1 *ff.*). Wir sind »umfangen von Umarmungen göttlicher Geheimnisse«, wie *Hildegard von Bingen* sagt. In diesem Bewusstsein lässt sich das Festhalten des Ichs (Ego) freigeben. Das erleben wir oft als *kleinen Tod* im Alltag. Es gibt viele kleine Tode, die wir zu sterben haben, bis der verhüllte göttliche Kern in uns sichtbar zu leben beginnt und die ursprüngliche Schönheit unseres Menschseins immer deutlicher aufleuchtet. Alles sind Vorstufen, um einerseits die Verbindung mit der jenseitigen, transpersonalen Welt herzustellen und anderseits auch den großen Übergang einzuüben.

Im Tod selber werden wir mit dem Kern unserer Existenz konfrontiert und gerichtet, d.h. in die ursprüngliche Richtung unseres Menschseins verwiesen. Das setzt voraus, dass wir immer wieder still werden, in uns hineinhorchen und achtsam schauen, was aus der Tiefe unseres Herzens aufsteigt, damit wir uns selbst genauer kennenlernen können. Dabei werden wir von Grund auf gewandelt. Deswegen bedeutet der Tod für das kleine Ich eine *endgültige* Herausforderung. Es wird aus allen seinen bisherigen Anhaftungen *herausgefordert*. Die innere Stimme mahnt uns dann: »Steige aus dem Grab deiner Einseitigkeiten und bewussten Verneblungen!« – »Feiere das Leben, so wie es dir jetzt geschenkt ist!« – »Löse dich aus den Anklammerungen an Vergangenes!«

Schritte eines möglichen Sterbeprozesses

Folgende Grundvoraussetzungen sind vor einer Sterbeimagination persönlich zu klären:

Bin ich bereit, der Wahrheit ins Auge zu schauen und sie so anzunehmen, wie sie ist, sie also weder zu idealisieren noch zu dämonisieren für vergangene und gegenwärtige Lebensabschnitte, sondern Nüchternheit und Wertschätzung in der Selbstbetrachtung vergangener oder gegenwärtiger Ereignisse?

Bin ich bereit, das was gewesen ist, ehrlich ohne Wenn und Aber freizugeben; denn was gewesen ist an positiven und negativen Erlebnissen, ist vorbei. Wenn jemand dazu nicht bereit ist, sollte er besser nicht in die Imagination einsteigen.

Bin ich bereit nach der Imagination mein Leben in einem erkannten Bereich radikal, d.h. von der Wurzel her, zu ändern und in diesem Punkt mit mir einen Klärungs- und Versöhnungsweg zu gehen?

Bin ich bereit, auch unerwartet zu sterben?

Sollte dazu die Bereitschaft fehlen, kann sich jemand folgende Fragen stellen:

- Was sucht Klärung in mir?
- Mit wem habe ich noch etwas zu bereinigen?
- Gibt es etwas zu verzeihen oder zu versöhnen?
- Gilt es finanziell noch etwas zu klären?
- Welche Aufgabe sucht noch Vollendung?
- Habe ich meinen Nachlass im Todesfall geregelt?

Phasen des Sterbe- und Werdeprozesses

❶ Die Erkenntnis, dass etwas endgültig vorbei (z. B. eine Berufschance, ein Angebot, eine Beziehung usw.), ein Lebensabschnitt beendet ist.
❷ Das Betrauern – ohne Vorwürfe auf irgendeine Seite hin – dessen, was mir wichtig gewesen wäre, was ich aber nicht gelebt habe oder nicht leben konnte.
❸ Das Wahrnehmen des Mangels bzw. der Mängel auf meiner Seite und jener von anderen Menschen, seien es Personen oder Mängel einer sonstigen Situation, eines Geschehens (Unfall, Verlust von Unterlagen, Planungsfehler usw.), ohne Vorwürfe, einfach nur schauen, staunen, von allen Seiten her wahrnehmen.
❹ Das Abschiednehmen von dem, was vorbei ist (eventuell dazu ein Ritual vollziehen, z. B. einen Fluss überqueren, Feuer entzünden, über einen Berggrat wandern usw.) und sich für das bedanken, was sein durfte, bei allen, die dazu beigetragen haben.
❺ Sich selbst und anderen verzeihen, dabei auch Faktoren einbeziehen, die mich in irgendeiner Weise behindert haben.
❻ Das Freigeben (*Begraben*) dessen, was vorbei ist und es dem Geheimnis des Lebens anheimgeben.
❼ In eine Versöhnungsbewegung eintreten und gegenüber allen beteiligten Seiten einen Neuanfang wagen.

Es braucht dazu auch die kontinuierliche Bereitschaft, mit klarem Bewusstsein zu überprüfen, was konkret umgesetzt werden kann.

Abbas Poimen sagt: »Der Altvater Pior macht an jedem Tag einen neuen Anfang« (Apophthegmata Patrum, 659).

Betrachtungen zu den einzelnen Sterbephasen

❶ Die erste Phase ist das Eingeständnis: »Etwas ist endgültig vorbei. – Es ist anders, als ich erwartet habe!« Diese Erwartungen betreffen mich selbst und die Umgebung, in der ich lebe. In dieser Enttäuschung (= das Ende der Täuschung) brechen die Erwartungen zusammen. Gott offenbart(e) sich anders, als ich mir dies vorgestellt habe oder eben: »Gott überrascht!« Das löst in uns Emotionen aus, die auch zu einer Depression führen können. Diese braucht ebenso viel Energie, wie z.B. über die Lebensumstände zornig zu werden. Es wird oft gedacht, Depression sei ein Einschmelzen aller Lebensenergien. Aber wohin gehen diese? Es ist eine Implosion, und der Zorn ist mehr eine Explosion.

❷ Die zweite Phase ist das Trauern. Ich kann nach einer schweren Enttäuschung oder nach einem Verlust nicht einfach zur Tagesordnung übergehen. Ich muss mir Zeit lassen zu trauern. Manchmal kommt in diesem Trauern auch eine Fluchtbewegung in Gang, z.B.: »Ich habe genug von allem! Ich verschwinde ...« Die negative Form dieser Fluchtbewegung ist die Verzweiflung. In jeder Trauerbewegung kommt etwas Neues zum Fließen. Es braucht eine gewisse Zeit der Trauer, damit neues Leben zu keimen beginnen kann. Dieses Geschehen bringt eine neue Öffnung ins Leben. Bei einer kreativen Trauer werden keiner Seite Vorwürfe gemacht. Die vergangenen leidvollen Situationen dürfen wir beklagen, ohne uns deswegen schämen zu müssen.

❸ In der dritten Phase heißt es Abschied nehmen und sich bedanken für das, was sein durfte, bei allen, die dazu beigetragen haben. Der Abschied geschieht in zwei Richtungen: Freigeben der Idealisierungen und Loslassen von Dämonisierungen, d.h. sich selbst im Spiegel zu betrachten. Idealisierungen artikulieren sich oft so: »Also ich hab doch erwartet, dass ich mit einer bestimmten Lebenssituation ganz anders umgehen kann, mindestens hätte mich Gott vor diesen Turbulenzen bewahren sollen …!« Dieser Abschied von Idealvorstellungen erweist sich als anstrengender Klärungsweg und ist mit viel persönlicher Schattenarbeit verbunden.

Das Gleiche gilt für Dämonisierungen, z. B.: »Also dieser unmögliche Chef, dem wünsche ich, dass er möglichst bald ins Gras beißt. Der soll auch erleben, wie es ist, wenn das Geld am Ende des Monats nicht mehr ausreicht …!« Das ist Verletzung, das ist Zorn, der ungefragt da ist und sich aufbäumt. Solche Reaktionen kennen kein Mitgefühl, weder für uns noch für die betroffenen Personen. Es sind Überreaktionen, bei denen jemand gerechtfertigt oder ungerechtfertigt Vorwürfe macht. Dabei wirkt ein verletztes Selbstwertgefühl nach, welches andere Positionen als die eigenen letztlich vernichten möchte, besonders wenn es um das nackte Überleben geht.

Dieser Abschied von Idealisierungen und Dämonisierungen führt uns auf die eigene verantwortete Lebensbühne zurück und lässt uns eine neue Grundlage für eine geklärte Lebenseinstellung finden, denn was gewesen ist, ist gewesen. Dazu gehört auch die Dankbarkeit für all das, was sein durfte, was realisiert werden konnte. Manchmal gilt es auch, von ganz alltäglichen Dingen Abschied zu nehmen, die unser Bewusstsein belasten, obwohl das Geschehen schon seit Jahren vorbei ist. Jetzt geht es darum, eine neue Grundlage, eine neue Lebensspur zu finden. Sonst tragen wir immer alte *Leichen* in unserem Handgepäck mit. Diese Phase und die nächste entsprechen in der Mystik auch der *via purgativa,* dem Reinigungs- und Klärungsweg.

❹ In der vierten Phase geht es darum, sich und den anderen und den äußeren Umständen zu verzeihen. Nur wenn ich mir auch verzeihen kann, ebenso wie allen anderen Beteiligten, lösen sich Verhärtungen. Diese Phase ist ein ganz feinfühliges Geschehen. Im Verzeihen anerkenne ich sowohl mein Schuldigwerden, jenes von anderen Personen und das in darin verwickelte Umstände. Es entsteht eine Bereitschaft, nicht mehr nachtragend zu sein. Im Verzeihen wird das Geschehen auf eine neue Ebene gehoben. Das lässt den Atem freier fließen.

❺ In der fünften Phase sollen Einseitigkeiten alter Betrachtungsweisen begraben werden. Die bisherige Sichtweise sucht einen neuen Boden. Er ist angereichert durch das Wahrnehmen weiterer Zusammenhänge, die gewöhnlich sehr alt sind. Wir haben sie nur nicht in der richtigen Weise gedeutet, weil wir in dem befangen waren, was die persönliche Welt war und ist. Zudem können überlieferte Traditionen beliebig gedeutet werden. Dabei helfen uns oft Außenstehende, die uns die Augen öffnen. Einseitigkeiten werden hinweggefegt, und wir verspüren Sehnsucht, einer neuen Lebenseinstellung zu folgen. Es kann auch geschehen, dass die Begeisterung, die schon immer da war, auf neue Weise lebendig wird. Die Geisteinwirkung durchdringt uns mit ihrer ursprünglichen Wahrheit. Dieses Geschehen entspricht der *via illuminativa,* dem Erleuchtungs- und Einsichtsweg. Die Einseitigkeiten lösen sich auf, fallen weg wie der Stein vor dem Grab. Wir sind jetzt eingeladen, entweder Hüllendienst zu tun, d.h. das Tote einzubalsamieren, oder das Geheimnis zu suchen. Die Erfahrung des Hüllendienstes bedeutet, dass wir den Einseitigkeiten nachtrauern, die wir schon begraben haben. Die neuen, befruchtenden Einsichten werden so ausgeklammert. Dann gleichen wir den Frauen, die zum Grab kommen und nur die Linnen-Hüllen finden. Die Christuswirklichkeit wartet draußen auf uns als Gärtner, aber wir sind noch nicht erwacht, das neue Leben als Wahrheit zu nehmen.

❻ In der sechsten Phase öffnen wir uns der gewandelten Sichtweise und beginnen einen Versöhnungsweg mit uns. Ich unterscheide mich von dem, was ich vorher als meine Wahrheit fixiert habe (Fixation führt zur Stagnation und nicht zu einer Belebung) und öffne mich neuen Wandlungsimpulsen, die mich aus meiner seelischen Tiefe beleben. Erst jetzt, nachdem wir uns verziehen und die Einseitigkeiten begraben haben, ist es möglich, einen Versöhnungsweg zu gehen. Dieser dauert länger als der Akt des Verzeihens. Ich unterscheide mich von dem, was ich vorher als meine Wertkategorien festgeschrieben habe, und öffne mich den inspirierenden und animierenden Dynamiken meiner Seele. Es ist die Auferstehung in ein gewandeltes Leben.

❼ Die siebte Phase ist eine Form der Hingabe in der Einswerdung mit der Kraft der Versöhnung in mir. Der Versöhnungsweg ist die eigentliche Transformation, eine Form der Hingabe an die Wirksamkeit des göttlichen Lebens in uns, ein Verbundensein und das Sich-Verbinden mit der ursprünglichen Liebeskraft. Versöhnung ist ohne Liebe (Eigen- und Fremdliebe) nicht möglich. Jemand kann sogar ohne Liebe verzeihen, aber nicht ohne Liebe versöhnen. Diesem Geschehen entspricht die *vita unitiva*. Einssein mit sich und Einssein mit dem Lebenshauch dringt immer deutlicher in das eigene Bewusstsein. Auf diesem Weg zur Einheitserfahrung erleben wir unser großes Welttheater immer als ein polares Geschehen: Es gibt das, was ich zu begraben habe und das, was weiterlebt; das, was mich enttäuscht und das, was mich erwärmt; das, was mich hindert und das, was mich fördert; Erwartungen, die ich hatte, die nicht erfüllt sind, und Hoffnungen, die wieder aufsteigen. Innerhalb von Raum und Zeit sind wir in diesen Beziehungsbogen eingespannt, wo polare Dynamiken uns in Bewegung halten. Weil es um Begrenzungen geht, sollen wir nicht fragen: »Welcher Fehler ist mir wieder unterlaufen, der mich von dieser Ganzwerdung entfernt hat?« Die eigentliche Frage lautet: »Was fehlt mir noch zur Vollendung, welcher Mangel zeigt sich?« Das verlangt ein grundsätzliches Umdenken. Denn wo kein Mangel herrscht, gibt es auch keinen Raum zum Geben.

Diese Wandlung beginnt schon in der sechsten Phase. Sich einer offenen Sichtweise stellen, bringt den Versöhnungsweg in Gang, weil wir uns den transformierenden Impulsen und den neuen Inspirationen öffnen. Wenn wir uns verziehen und die Einseitigkeiten begraben haben, ist es möglich, die Umkehr zu wagen. Dadurch geschieht Auferstehung, Wachwerden, Auferweckung in einen neuen Lebensabschnitt, in einen gewandelten Lebensweg.

Darin leuchtet eine eschatologische (= endzeitliche) Hoffnung auf, die sich im Alltag auszuwirken beginnt, wenn wir der neuen Einsicht treu bleiben. Die *via purga-*

tiva (der Klärungs- und Reinigungsweg) beginnt erneut in einer weiteren Spirale der Vertiefung. Das Rad der Wandlung führt zu neuen Einsichten. Wir werden warm für neue Entdeckungen und erleben auch in diesem weiteren Lebensabschnitt neu Erfüllung und Enttäuschungen, haben anderes zu betrauern, erneut Abschied zu nehmen und zu verzeihen, zu begraben und uns der Versöhnungsbewegung zu stellen und zu öffnen.

Der Versöhnungsweg ist die eigentliche Transformation. Die stete Bereitschaft zur Hingabe an die Wirklichkeit dieser Liebeskraft, die uns versöhnen lässt, führt immer tiefer in die Verbundenheit mit der Urquelle des Lebens, wie sie sich in der göttlichen Weisheit offenbart. Versöhnung und Liebe gehören zusammen.

In diesen Phasen begegnen wir auch dem, was viele Menschen in einem Sterbeprozess erleben. Und wenn es gelingt, die einzelnen Phasen vorher zu durchleben, bereiten wir einen guten Boden für den eigenen Übergang. Die Versöhnungsspur im eigenen Leben zu finden ist einfacher, wenn wir eine Berührung durch die göttliche Liebe in uns konkret wahrnehmen. Dazu helfen folgende persönliche Fragen:

Bei welcher Gelegenheit in meinem Leben konnte ich wahrnehmen, dass mich echte Liebe angerührt hat?

Wann, wie und wo hat mich spontan Liebe geleitet?

Wo in meinem Leben begegnet mir häufig ein *roter Faden* einer unvoreingenommenen Liebe, gleichsam als persönliche Heilsgeschichte?

Wann, wie und wo erlebe ich mich von allen Seiten umgeben, im Sinne: »Du bist umfangen von Umarmungen göttlicher Geheimnisse (göttlicher Berührungen)?«

Wann, wie und wo erlebe ich das Bedürfnis, spontan selbst zu lieben?

In welcher Zusage aus dem ersten oder zweiten Testament fühle ich mich besonders als Geliebte oder als Geliebter des göttlichen Geheimnisses angesprochen?

Der Weg zum Tor der Geburt

Oder: Betrachtung des Lebensfadens

Vielleicht wundern Sie sich, dass in den Sterbemeditationen der Weg rückwärts zum Tor der Geburt verläuft. Beinahe in allen Erzählungen (auch in der christlichen Tradition) über den Vorgang des Sterbens wird betont, dass der Mensch *Rechenschaft* über sein Leben abzulegen hat. Sie zeigt sich nochmals in allen Facetten, wie in einem inneren Film vor dem Auge (des Herzens). In den Mythen der Völker geht es darum, dass der Sterbende den Totenrichter über sein vergangenes Leben nicht belügt, sondern tatsächlich zu seinen hellen und dunklen Taten steht, um sich von der vergangenen Zeit zu lösen und alles Erlebte freizugeben. Lügt der Verstorbene, so kann er nicht freigesprochen werden, und er muss einen Klärungs- und Reinigungsprozess über sich ergehen lassen (vgl. *Fegfeuer* in der christlichen Tradition).

Bei dieser *Reise* zum Tor der Geburt steht das Freigeben aller durchlebten Begebenheiten an erster Stelle. Niemand kann eine Neuorientierung anzielen, wenn keine Bereitschaft zur Freigabe dessen da ist, was offensichtlich vorbei ist. Freigeben heißt: mit Dankbarkeit und in Frieden verabschieden, was der Vergangenheit angehört, damit ein Neuanfang in dieser Welt oder in einer anderen möglich wird. Das Urteilen darüber soll konsequent einer anderen Instanz überlassen werden. Je offener jemand in eine solche Sterbemeditation eintritt, umso versöhnter kehrt er in den Alltag zurück.

Gottes Weisheit dich umhüllt

Spürst du diesen Augenblick,
als die Zeit versunken ist?
Spannung löst sich im Genick,
weil du nur Verneigung bist ...

Ewigkeit wird plötzlich rund,
greift nach deiner letzten Zeit,
bindet sich an jene Stund,
die als Anfang dir geweiht.

Zur Geburt erwachest du,
hast dein Leben ausgefüllt.
Jetzt berührt die Friedens-Ruh,
Gottes Weisheit dich umhüllt ...

Hoffnung bleibt in uns zurück? –
Zeigt sich neu des Sinnes Spur?
Unfassbar bleibt Leid und Glück,

auch in unsrer Daseins-Uhr!

Rituale und Übungen – Was wir tun können

Nachdem *Franz Xaver Jans-Scheidegger* dazu eingeladen hat, sich im Leben dem Tod zu stellen, fragen wir uns, was wir im Angesicht des Todes tun können. Ein Gedanke vorab: Sterbebegleitung oder besser: Lebensbegleitung im Anblick des Todes beginnt, wenn ein

Mensch sich der Endlichkeit seines Lebens bewusst wird und damit lebt. Dies kann durch eine Krankheitsdiagnose geschehen: die Krankheit ist unheilbar, sie kann zum Tod führen. Dies kann mit einer lebensbedrohlichen Situation (überstandener Herzinfarkt, Unfall und Ähnlichem) beginnen und zu einem neuen Blick auf Leben und Sterben führen. Es kann auch durch Todesfälle im Familien- und nahem Bekanntenkreis, die uns berühren und den eigenen Tod auf einmal in den Raum stellen, ausgelöst werden. Das heißt aber auch, dass eine Begleitung über Monate und Jahre dauern kann und ganz andere Möglichkeiten eröffnet als eine Begleitung in den letzten Wochen/Tagen oder Stunden. Hier werden Sie den Themen, die sowohl bei den Sterbephasen als auch bei der Trauerbegleitung beschrieben sind, immer wieder begegnen. Lesenswert dazu sind die Bücher: *Mitch Albom*: Dienstags bei Morrie; *Tiziano Terzani*: Noch eine Runde auf dem Karussell; *Ken Wilber*: Mut und Gnade.

Im Folgenden sind die Anregungen, Rituale und Übungen aufgeteilt. Einmal richten sie sich *mehr* an den Begleitenden und einmal *mehr* an den Begleiteten. Bei einer Begleitung über einen längeren Zeitraum werden viele Möglichkeiten für beide möglich und sinnvoll sein. Zwei Worte begleiten und strukturieren die Übungen:

»Mein Gott, nimm alles von mir, was mich hindert zu Dir, gib alles mir, was mich fördert zu Dir, nimm mich mir und gib mich ganz zu eigen Dir.« *Niklaus von Flüe*

»Nun aber bleiben Glaube, Hoffnung und Liebe.« (1 Kor 13)

»Nimm alles von mir, was mich hindert – zu leben und zu sterben!«

Im Blick auf den Tod geht dieser gleichzeitig zurück auf das Leben. Sterbende haben, wenn die Zeit dazu da ist, fast immer das Bedürfnis, letzte Dinge in ihrem Leben zu ordnen. Vor allem Unerledigtes und Unversöhntes belastet, z. B. wenn wir Schuld empfinden, wenn wir mit dem Schicksal hadern, sind wir ans Leben gebunden und nicht frei, in Frieden zu gehen. Verzeihen, versöhnen, abgeben und loslassen, aber auch danken sind hier die Stichworte. Dazu empfiehlt sich auch der vorhergehende Artikel von *Franz Xaver Jans-Scheidegger.*

Für den Begleiter

Es ist gut, diesen Rückblick mit ins Leben hineinzunehmen, um so vielleicht mit weniger Last zu leben und irgendwann auch zu sterben.

Eine einfache Übung kann dies in den Tag integrieren:

Tagesabschluss: Lassen Sie jeden Abend den Tag noch einmal Revue passieren, spüren Sie nach, wo es noch Unerledigtes, Ärger, Wut, Enttäuschung gibt. Muss es mich weiter begleiten, oder kann ich es loslassen und sagen oder fühlen: »Was war, war.«

Ausatmen: Manchmal braucht dieses Loslassen Unterstützung, helfen weitere kleine Rituale. Zum Beispiel kann ich dies damit verbinden, dass ich mich hinstelle und ins Weite schaue, vielleicht sogar am offenen Fenster, und jede Situation, die ich loslassen will, mit einem bewussten Ausatmen begleite: »Den Gedanken denken und abgeben« (wenn es keine äußere Weite ist, hilft es, die Augen zu schließen und sich innerlich einen weiten

Raum, eine offene Landschaft vorzustellen und dann in die Lösung der Gedanken zu gehen).

Verbrennen: Manches haftet an uns, wir können uns nicht lösen. Dann stellt sich die Frage, ob wir noch etwas tun wollen, können, müssen, um die Situation zu klären. Wenn dies nicht im konkreten Tun geht, kann es helfen, alles aufzuschreiben, es innerlich noch einmal zu durchleben und sich dann bewusst davon abzuwenden. Danach kann das Geschriebene in einem kleinen Zeremoniell verbrannt werden.

Klärung: Vielleicht kommen Sie an einen Punkt, an dem Sie sich fragen: »Wohin gebe ich das eigentlich ab? Wer hilft mir zu verzeihen? Was gibt mir die Kraft, einen Schritt zur Versöhnung zu tun, einen wirklich neuen Anfang zu machen?« Wenn ich Dinge entdecke, mit denen ich unversöhnt bin, wenn ich Schuld habe, die ich nicht mehr ändern kann, wenn ich Fehler gemacht habe, die mich immer noch belasten. Wer oder was hilft mir? Hier spielt der Glaube, das Vertrauen zu Gott eine wichtige Rolle. Ganz gleich, zu welchem Ergebnis Sie kommen: Es ist wichtig, sich damit auseinanderzusetzen, welche Vorstellung von Leben und Tod das eigene Leben trägt, was ihm Sinn, Kraft und Halt gibt.

Gebet: Wenn ich mich eingebettet weiß in einen größeren Zusammenhang, in eine größere Wirklichkeit, muss ich nicht alles allein tragen und lösen. Ich kann das, was mich belastet, abgeben im Gebet. Dies kann in einfachen eigenen Worten geschehen. Ich kann zum Beispiel auch das oben genannte Gebet zu meinem täglichen Gebet machen und in solchen Gefühlen bei der ersten Zeile verweilen: »Mein Gott, nimm alles von mir, was mich hindert, in dir zu leben.« – Oder ich kann das Vaterunser beten, und da besonders die Bitten: »Vergib uns unsere Schuld, wie auch wir vergeben unseren Schuldigern«; oder den Rosenkranz, ganz oder in Teilen: »Heilige Maria, Mutter Gottes, bitte für uns Sünder, jetzt und in der Stunde unseres Todes. Amen.« *Anselm Grün* sagt dazu: »Für viele ältere Menschen ist sicher auch das Rosenkranzgebet Einübung in das Sterben und Ausdruck des Glaubens, dass wir im Tod nicht in fremdes Grauen hinein sterben, sondern in die mütterlichen Arme Gottes hinein.«

Vater unser

Vater unser im Himmel.
Geheiligt werde dein Name.
Dein Reich komme.
Dein Wille geschehe, wie im Himmel,
so auf Erden.
Unser tägliches Brot gib uns heute.
Und vergib uns unsere Schuld,
wie auch wir vergeben unseren Schuldigern.
Und führe uns nicht in Versuchung,
sondern erlöse uns von dem Bösen.
Denn dein ist das Reich und die Kraft
und die Herrlichkeit in Ewigkeit.
Amen.

Das Vaterunser wurde aus dem Griechischen zurück ins Aramäische übersetzt. Eine Rückübersetzung ins Deutsche aus dem Aramäischen gibt dem Text in seinen Deutungen eine ungewohnte Vertiefung.

Das Vaterunser – eine Rückübertragung aus dem Aramäischen

Vater und Mutter des Kosmos, Urgrund der Liebe,
bereite in uns den Raum des Herzens,
dass wir dein Licht und deinen Klang in Frieden erfahren.
Deine Wirklichkeit offenbare sich.
Dein Verlangen eine Himmel und Erde,
dass wir deine Liebe in uns entdecken.
Gib uns Tag um Tag, was wir an Brot und Einsicht brauchen.
Löse die Fesseln unserer Fehler, wie auch wir freigeben,
was uns an die Schuld und die Verstrickung anderer bindet.
Bewahre uns vor falschem Begehren, befreie uns von Irrtum und Bösem.
Denn dein ist das Reich des Friedens und der Liebe,
die Fülle des Lebens und der Klang des Kosmos,
der alles erneuert von Weltzeit zu Weltzeit.
Ich bekräftige dies mit meinem ganzen Sein.
Amen.

Übertragung von Franz Xaver Jans-Scheidegger und Gabriele Siemers

Dies alles findet Raum in einer Grundübung, die für vieles, was hier genannt wurde, die Basis darstellt:

Zeit der Stille: Es ist gut, sich eine regelmäßige Zeit der Stille am Tag zu nehmen oder besser, sie sich zu schenken. Eine Zeit, die herausgenommen ist aus dem Müssen und Wollen des Tages. Eine Zeit, in der ich nach innen schaue und hinhorche, was mich bewegt und erfüllt, in der ich aber auch offen bin für das, was über mich hinausweist.

Rituale mit und für den Begleiteten: Wie bereits ausgeführt, besteht am Lebensende ein großes Bedürfnis, das Leben zu ordnen. Was noch möglich ist, hängt vor allem von der verbleibenden Zeit und dem Grad der verbleibenden Bewusstheit ab.

Akzeptierendes Zuhören: Vielleicht ist es verwunderlich, dies als Ritual anzusehen. Aber oft wiederholen die Begleiteten Geschichten, in denen Unerledigtes mitschwingt, immer wieder. Dies so erzählen zu können, ohne sich bewertet und beurteilt zu fühlen, kann ihnen helfen, sich damit zu versöhnen und es so loszulassen.

Stellvertretung: Im Erzählen kann der Wunsch nach Versöhnung entstehen, die nicht stattfinden konnte. Hier kann der Begleiter eine Stellvertreterrolle annehmen und dem anderen zusagen: Ich bin sicher, er hätte Sie verstanden.

Visualisieren: Der Begleiter kann anregen, dass der Begleitete sich eine Person, mit der er noch Probleme hat, ganz deutlich vorstellt. Manchmal hilft ein altes Foto dabei. Die Person – so vor dem inneren Auge – kann mit dem Begleiteten in ein inneres Gespräch kommen. Oft entsteht beim so nach Klärung Suchenden ein Gefühl, eine Antwort, die eine *Er-Lösung* für ihn darstellt.

Stein: Sind noch sehr viele Gefühle wie Wut, Hass und Aggression da, ohne dass darüber gesprochen werden kann, hilft manchmal ein glatter Stein, der gut in der Hand liegt. Diesen kann man in die Hand nehmen und die Gedanken und die damit verbundenen Gefühle an den Stein abgeben. Wenn es dem Begleiteten entspricht, kann der Stein später an einen Platz in einer Kapelle – oder wo es ihm lieber ist – abgelegt und mit allen Gefühlen Gott und damit einem größeren Zusammenhang überantwortet werden.

Weihrauch: Manche Kräuter helfen, Gedanken und Räume zu klären. Diese Aufgabe erfüllt in vielen Religionen der Weihrauch. Wer sich damit auskennt, kann dies dem Sterbenden anbieten. Dieses Ritual kann auch dann durchgeführt werden, wenn keine sprachliche Klärung und Verständigung mehr möglich ist.

Gebet: Vertraute Gebete und Psalmen können vieles, was von uns nicht zu lösen ist, aufnehmen, sodass wir es abgeben können. Wenn es möglich ist, können Sie zusammen beten. Sie können ein eigenes Gebet für den anderen beten oder auch ein Gebet aus einer anderen Religion sprechen, von dem Sie wissen, dass es für den Begleiteten wichtig ist. Ein bekannter Psalm passt gut in die Abschiedssituation.

Beichte: Manchmal gibt es etwas im Leben, das so schwer wiegt, dass der Sterbende einen bestimmten Raum braucht, um sich davon zu befreien. Im christlichen Bereich ist die Beichte und Losbesprechung ein solches Angebot, die jeder katholische oder orthodoxe Priester oder evangelische Pfarrer vollziehen kann. Bei anderen Religionen ist zu klären, wer dafür in Frage kommt. Wer keiner Glaubensgemeinschaft angehört, kann die genannten Personen trotzdem darum bitten oder jemand benennen, dem er sich anvertrauen möchte, um innerlich frei zu werden.

Neben all diesen Ritualen kann Begleitung auch heißen, Kraft, Ideen und Möglichkeiten anzubieten, um das, was noch erledigt oder geordnet werden kann, auch zu tun: zu Briefen und Anrufen ermutigen, Treffen organisieren und dazu begleiten, Menschen ausfindig machen, nach denen der Begleitete fragt, noch einmal an Orte zu fahren, die ihm wichtig sind und so Aussöhnung mit dem Leben, Versöhnung mit den Menschen und von allem Abschied zu nehmen. Neben all dieser Bewältigung sollten Impulse und Anregungen zur Lebensfreude nicht zu kurz kommen.

Psalm 23

Der Herr ist mein Hirte,
mir wird nichts mangeln.
Er weidet mich auf einer grünen Aue
und führet mich zum frischen Wasser.
Er erquickt meine Seele.
Er führet mich auf rechter Straße um seines Namens willen.
Und ob ich schon wanderte im finsteren Tal,
fürchte ich kein Unglück;
denn du bist bei mir,
Dein Stecken und Stab trösten mich.
Du bereitest vor mir einen Tisch
im Angesicht meiner Feinde.
Du salbest mein Haupt mit Öl
und schenkest mir voll ein.
Gutes und Barmherzigkeit werden mir folgen mein Leben lang,
und ich werde bleiben im Hause des Herrn immerdar.

»Gib alles mir, was mich fördert zu Dir – zum Leben und zum Sterben«

Es ist immer wieder erstaunlich, wie viel Zeit und Kraft wir im Leben und im Sterben für das Unerledigte und Unerlöste in uns brauchen. Gerade deshalb ist es so wichtig, sich diese zweite Bitte ganz bewusst zu eigen zu machen, denn sie öffnet unsere Ausrichtung nach vorn. So wie *Franz Xaver Jans-Scheidegger* (→ Seite 114 ff.) schreibt: »Was fehlt mir noch zur Vollendung, welcher Mangel zeigt sich?«

Für den Begleiter

Diese Anregungen sind für den Begleiter. Natürlich können Sie auch Impulse aus diesem Bereich für den begleiteten Menschen verwenden.

Dankbarkeit: *Morgenritual*: Jeder neue Tag ist ein Geschenk des Lebens, den ich jeden Morgen mit Dankbarkeit begrüßen kann. Dies kann einfach ein kurzer Satz, ein kurzes Gebet sein, das ich jeden Morgen beim Aufwachen spreche: »Danke für das Licht, danke für den neuen Tag, danke für mein Leben.«

Zeit der Stille: Ich kann diese Dankbarkeit am Morgen wieder in eine Zeit der Stille einbetten und ihr auf diese Weise noch mehr Zeit und Gewicht in meinem Tag und Leben geben.

Gebärde: Ich kann diesen Dank mit einer Gebärde verbinden und mich so auch körperlich jeden Morgen aufs Neue einstimmen. Eine ganz einfache Form ist dabei, aufrecht stehend Himmel und Erde in mir verbinden, die Arme langsam und bewusst weit öffnen und das

Licht, die Frische des Morgens, das Neue, die Dankbarkeit innerlich spüren. Weitere Gebärden, z.B. den Sonnengruß aus dem Yoga mit einem Morgengebet verbunden, finden Sie in unserem *Kursbuch Beten*.

Dankbarkeit einüben: Nicht nur am Morgen, sondern immer wieder kann ich auf das schauen, was mir im Leben geschenkt wurde, was mich bereichert und gestärkt hat. Vielleicht denken Sie, dass es nicht sehr viel zu erinnern gibt. Doch lassen Sie sich überraschen. Oft sind es nur kurze Momente, Situationen, Begegnungen, Eindrücke, die schnell vergangen sind, die aber ausstrahlen bis ins Heute. Sich daran immer wieder zu erinnern, verstärkt ihre Energie und gibt Zuversicht. Dieses dankbare Erinnern kann jederzeit geschehen.

Freude: In der Freude zeigt sich das Einverständnis mit dem Leben, selbst wenn ich des Öfteren damit hadere. Im Moment der Freude kann ich dies vergessen. Gönnen Sie sich also regelmäßig etwas, was ihnen Freude macht. Seien Sie auch einmal unbekümmert, übermütig, fröhlich wie ein Kind, lassen Sie sich vom Lachen anderer anstecken, und stecken Sie andere mit ihrem Lachen an. Jesus erinnert uns daran: »Wenn Ihr nicht umkehrt und werdet wie die Kinder, werdet Ihr nicht in das Himmelreich kommen« (Mt 18,3); oder übersetzt: Wenn Ihr nicht das Kindliche in Euch zulasst, werdet Ihr die Wirklichkeit Gottes nur schwer erfahren.

Schenken und beschenkt werden: Schenken Sie anderen Freude, und lassen Sie sich beschenken, teilen Sie so Freude und Dankbarkeit. Dem einen fällt das Schenken, dem anderen das Beschenktwerden nicht leicht. Machen Sie das, was Ihnen nicht leichtfällt, zu einer wichtigen Übung für sich.

Hoffnung: Die Grunderfahrung, die hinter dieser Bitte dieses Abschnittes steht, ist die Hoffnung, dass da etwas ist, auf das ich vertrauen kann, das mir entgegenkommt, das mir hilft. Nehmen Sie sich immer wieder Zeit, sich mit den folgenden Fragen auseinanderzusetzen:
- Worauf hoffe ich?
- Was erwarte ich?
- Woraufhin lebe ich?
- Woraus schöpfe ich Kraft und Zuversicht?

Wenn ich im Leben erfahre, dass ich getragen bin, lerne ich zu vertrauen, dass mich dies auch durch das Sterben und im Tod trägt.

Im Blick haben: Es kann hilfreich sein, das Wort Hoffnung groß auf ein DIN-A4-Blatt zu schreiben und es so hinzuhängen oder zu legen, dass mein Blick immer wieder darauffällt.

Symbol: Manchmal konkretisiert sich unsere innere Vorstellung, wenn wir sie zu einem Symbol verdichten. Es gibt viele traditionelle Symbole der Hoffnung, wie den Baum, das Licht, das Kreuz, eine Hand, die Taube, den Schmetterling, um nur einige zu nennen. Wir laden seit Jahren in der stillen Zeit am Ostermorgen dazu ein, die neue Osterkerze mit einem Symbol der Hoffnung (aus Klebewachs) zu gestalten. Und immer wieder bin ich überrascht, wie viel individuelle und doch stimmige Lösungen es gibt. Finden Sie ihr Symbol, gestalten Sie es und tragen Sie es mit sich.

Ein Lied aus Taizé

Meine Hoffnung und meine Freude,
meine Stärke, mein Licht,
Christus meine Zuversicht, auf dich
vertrau ich und fürcht' mich nicht.

Anregungen für und mit dem Begleiteten

Freude und Dankbarkeit: Manchmal ist hier der Sterbende der Lehrmeister. Indem alles ein letztes Mal erlebt wird, wird es viel bewusster, viel intensiver wahrgenommen. Unterstützen Sie den Menschen, den sie begleiten darin, und lernen Sie von ihm! Erfreuen sie sich gemeinsam an den kleinen Momenten des Lebens! Genießen Sie die Sonnenstrahlen, einen Lichtstahl, der ins Zimmer fällt; die Farbe der Bäume, der Blumen auf dem Tisch; das Lachen der anderen, den gemeinsamen Moment der Stille u.v.m.

Kleine Freuden: Es braucht oft nicht viel, um kleine Freuden zu ermöglichen. Nehmen Sie die Wünsche wahr! Sie müssen sie nicht immer selbst ermöglichen, manche Bitte kann weitergegeben und von anderen erfüllt werden. So erfreut vielleicht eine bestimmte Blume, der Geschmack einer Praline, ein Bier (→ Seite 35), die Fahne des Fußballvereins, ein bestimmter Blick, für den das Bett umgestellt werden muss, eine Berührung, eine bestimmte Musik, ein Gang durch den Garten, der Besuch geliebter Menschen u.a. mehr. Vielleicht gibt es dabei eine Kleinigkeit, die Sie von Besuch zu Besuch mehr miteinander verbindet, z.B. gemeinsam Kaffee trinken (→ Seite 221, 224).

Verstärkendes Zuhören: Laden Sie ein, darüber zu sprechen, wofür der Begleitete in seinem Leben dankbar ist. Fragen sie nach dem, was gut war im Leben, was geholfen und gefördert hat. Geben sie im Gespräch der Dankbarkeit Raum.

Bilder: Ermutigen Sie, Bilder von geliebten Menschen so aufzustellen, dass sie im direkten Blickfeld sind. Fragen Sie auch nach Bildern von dem Begleiteten selbst, die ihn in glücklichen Situationen seines Lebens zeigen. Schauen Sie sich gemeinsam Fotoalben an und lassen Sie sich erzählen.

Annahme: Zeigen Sie ihre Dankbarkeit, dass der andere Sie an seinem Leben und Sterben teilhaben lässt. Ermutigen Sie Verwandte und Freunde, ihre Dankbarkeit für das Leben dieses Menschen auszudrücken. Danken Sie gemeinsam für dieses Leben. Ich persönlich summe und singe manchmal Textzeilen aus dem Lied *Danke*. Ich merke, dass ich dabei den Text neu zusammensetze und frei assoziiere. So entstehen neue Sinnzusammenhänge, wie das Beispiel im Kasten zeigt.

Danke für diesen guten Morgen, danke für jeden
neuen Tag.
Danke, dass ich all meine Sorgen mit dir teilen mag.
Danke für manche Traurigkeiten, danke für jedes
kleine Glück.
Danke für alles Frohe, Helle und für die Musik.
Danke für jedes gute Wort.
Danke, dass deine Hand mich leiten will an jedem Ort.

Das Orginal ist von M. G. Schneider.

Hoffnung

Symbol: Hören Sie oder fragen Sie nach, was für diesen Menschen ein Zeichen der Hoffnung im Leben und im Sterben, über den Tod hinaus ist. Vielleicht gibt es ein Symbol dafür, das sich bis zuletzt in Händen halten lässt.

Kerze: Formen Sie das Symbol aus Wachs und verzieren Sie damit eine Kerze, die immer wieder angezündet werden kann, um sich dieser Hoffnung zu versichern.

Musik/Gedicht/Gebet: Manchmal gibt es ein Lied, ein Musikstück, ein Gedicht, eine Geschichte, ein Gebet, das für den Sterbenden Ausdruck der Hoffnung ist. Gerade Menschen, die in ihrem Glauben verwurzelt sind, haben ihre Lieder, ihre Gebete oft noch aus Kindertagen, die sie trösten und stärken. Hören Sie sie gemeinsam, lesen Sie vor, sprechen Sie gemeinsam oder für den anderen.

Teilhabe: Manchmal fällt es schwer, etwas zu finden, was dem anderen Menschen Hoffnung macht, vor allem, wenn seine Hoffnung an der Schranke des Todes endet. Lassen Sie den anderen an ihrer Hoffnung teilhaben, ohne ihn zu vereinnahmen (ein Erfahrungsbeispiel von *Gudrun Schartenberg* finden Sie auf Seite 167). Schenken Sie Ihr Symbol, der andere kann es annehmen oder ablehnen. Sie können auch eine Kerze für den anderen anzünden, wenn es möglich ist, fragen Sie nach dem Einverständnis. Oder Sie tun es für sich.

»Nimm mich mir und gib mich ganz zu eigen Dir«

Hier geht es um den Blick über mich und mein Leben hinaus. Es geht um das Geheimnis, das unser Leben und Sterben umgibt und dem ich mich anvertraue. Stichworte sind: Sich fallen lassen, geborgen sein, einverstanden sein, Liebe.

Anregungen für den Begleiter

Unter dieser dritten Bitte geht es um die vorweggenommene Einübung ins Sterben, um im Loslassen frei zu werden sowohl für das täglich neue Geschenk des Lebens als auch für das täglich mögliche Sterben. Die meisten der im Folgenden genannten Rituale sind Meditationsübungen und können zu einer lebensbegleitenden Übung werden. In der bewussten Wahrnehmung des Todes werden wir wach für das Leben und können erfahren, was uns letztlich trägt. So kann in der Übung das liebende und tragende Gottesbild erfahren werden und in die Begleitung ausstrahlen.

Meditation: Für alle Meditationen ist eine bestimmte äußere Übungsform sinnvoll: Legen Sie eine bestimmte Zeit der Stille fest, möglichst regelmäßig – zwischen 15 und 30 Minuten –, und setzen Sie sich an einen stillen Ort. Sie können sich dafür einen besonderen Platz in ihrer Wohnung einrichten, der mit seiner Gestaltung zur Stille einlädt und durch seine Symbole nach innen führt. Dies kann im christlichen Kontext eine Kerze, ein Kreuz, eine Ikone, eine Bibel sein. Oder wählen Sie andere Symbole, die Ihrem Glauben entsprechen. Dabei gilt, was vorher über die stille Zeit gesagt wurde, noch einmal verstärkt: Es ist eine aus dem Alltag herausgehobene Zeit, in der alles andere unwichtig ist, so wie es im Sterben unwichtig wird. Was in den Alltag zurückführt, wenn Handlungsbedarf auch aus der Meditation heraus entsteht, das gehört in die Zeit danach. Diese regelmäßige Übung wirkt in das Leben hinein. Nach und nach ist die Übung so vertraut, dass ich sie mit in den Alltag hineinnehme, dass sie wie eine Grundmelodie immer dabei ist. Alle Meditationsübungen können in kritische Situationen und in die Erfahrung der umfassenden Wirklichkeit, des Einsseins mit Gott führen. Deshalb ist jedem, der sich auf einen solchen Übungsweg macht, dringend geraten, sich einen spirituellen Begleiter zu suchen, mit dem er die Erfahrungen besprechen kann.

Der Atem: Den Atem meditieren heißt, ihn als das Bindeglied zum Göttlichen wahrnehmen, heißt annehmen und abgeben.

❶ Wach und aufmerksam da sein, beobachtend beim eigenen Atem verweilen, nicht eingreifen. »Ich bin es nicht, der über mein Leben bestimmt.«

❷ »Einatmend: ich bin geboren; ausatmend: ich sterbe« (→ *Bogdan Snela*, Seite 170).

❸ Als eigenständige Übung ist es möglich, dem Atem eine Qualität zu geben, die mich über den Tod hinaus begleiten kann. Dies sind in der Bibel wie in anderen Religionen zwei Qualitäten: Licht und Liebe. Dem Atem eine Qualität geben, heißt nicht, die Worte zu bedenken und etwas erzwingen zu wollen, sondern im Schauen des Atems Liebe oder Licht in mir Raum zu geben.

Texte über die Liebe

Hohes Lied 8,6–7, Übersetzung: Gute Nachricht: Du trägst den Siegelring an einer Schnur auf deiner Brust.

So nimm mich an dein Herz! Du trägst den Reif um deinen Arm. So eng umfange mich! Unüberwindlich ist der Tod: Niemand entrinnt ihm, keinen gibt er frei. Unüberwindlich - so ist auch die Liebe, und ihre Leidenschaft brennt wie ein Feuer.

Römer 8,38–39: Denn ich bin gewiss: Weder Tod noch Leben, weder Engel noch Mächte, weder Gegenwärtiges noch Zukünftiges, weder Gewalten noch Höhen oder Tiefen, noch irgendetwas anderes können uns trennen von der Liebe Gottes.

Kolosser 3,14: Über alles aber zieht an die Liebe, die da ist das Band der Vollkommenheit.

Amen: Im Amen sage ich ein grundlegendes Ja zu meinem Leben, zur Schöpfung, zu Gott. Amen bedeutet: »Was war, war; was ist, ist; was sein wird, soll sein.« Dieses Wort kann ich zur inneren Übung machen, indem ich es, ohne es zu bedenken, immer wieder innerlich wiederhole und es so zur Leitschnur meines Lebens mache. Es kann sich mit dem Atem verbinden. Dies geschieht aber von allein, ohne dass ich es in einer bestimmten Form wollen muss.

Eine Gebärde: Eine Alternative zum Sitzen stellt die Meditation einer Gebärde da. Im achtsamen, spürenden Dasein in der Bewegung wird die Gebärde ein Teil von mir und ihre Aussage ein Teil meines Lebens. Die folgende Gebärde von *Burga Gripekoven* öffnet sich dem Amen. Sie wird als Übung langsam und bewusst mehrmals wiederholt und kann z.B. jeden Tag eine Zeit der Stille einleiten. Diese Gebärde ist intensiv.

Ich sage Ja und Amen

Eine Segensgebärde

Ich sage Ja und Amen zu meinem Schöpfer.	Ich stehe aufrecht da. Die Arme hängen seitlich herab. Der rechte Arm beschreibt einen weiten Bogen von unten nach links, über den Kopf nach rechts. Er wird waagerecht in Schulterhöhe gehalten, Handfläche nach vorn/oben geöffnet.
Ich sage Ja und Amen zu mir als Geschöpf.	Der linke Arm beschreibt einen entsprechenden weiten Bogen nach rechts, über den Kopf nach links. Haltung in Schulterhöhe, Handhaltung entspricht der rechten Hand.
Ich sage Ja und Amen zu meiner Geschichte mit Gott und zu Gottes Geschichte mit mir.	Beide Hände werden mit gestreckten Armen über dem Kopf zueinandergeführt, verweilen mit einem kleinen Abstand zueinander. Die Handflächen sind einander zugewandt und nach oben geöffnet.
Ich bin gesegnet in dieser Geschichte/mit dieser Geschichte.	Beide Hände werden vor dem Körper in Richtung Herzraum geführt und legen sich auf diesem ab, eine auf der anderen.
Ich teile diesen Segen mit der ganzen Schöpfung.	Die Hände öffnen sich nach vorn; die Arme werden nach vorn ausgestreckt und dann im Kreisbogen in Schulterhöhe zur Seite geführt. Die Handflächen zeigen nach oben.

Ich sage Ja und Amen zu meiner Endlichkeit.	Die Handflächen wenden sich der Erde zu, die Arme senken sich und werden seitlich am Körper gehalten.

Burga Gripekoven, aufgeschrieben von *Barbara Falk* und *Hanne Moll*

Als wir diese Gebärde kennenlernten, haben wir sie zu einer passenden Musik vollzogen. Musik *Amen aus der* CD *Shalom Salam* von *Felix Maria Woschek*, 2008.

Herzensgebet: In ähnlicher Weise verbindet die Meditation im Sinne des Herzensgebetes mein Leben mit Gott. Indem ich in der Übung der stillen Zeit den Satz: »Jesus Christus, erbarme dich meiner« – ganz oder nur zum Teil – innerlich mehrmals wiederhole, nistet er sich in meinen Herzraum ein und wird zur lebensbegleitenden Melodie, die mich im Leben und Sterben mit Gott verbindet. Dabei ist es vielleicht wichtig zu wissen, dass unser Alltagsverständnis des Wortes »Erbarme dich« uns in die Irre führen kann. »Erbarme dich«, meint im Hebräischen: »Lass mich in deinem gebärfähigen Schoß (das heißt dort, wo Neues entstehen kann) geborgen sein.«

Yoga-Übung: Es gibt im Yoga eine Übung, die Shavâsana (= die Leiche) heißt. Wenn sie in Yogakursen angeboten wird, dann meist als kurze Entspannungsübung. In dieser Übung lasse ich bewusst nach und nach die Anspannung in den einzelnen Körperteilen los, beginnend an den Füßen, und überlasse den Körper so der Schwerkraft und dem Boden, der ihn trägt. Über die Entspannung hinaus kann diese Übung in ein tiefes ganzheitliches

Loslassen führen, bei dem ich mich dem tragenden Grund meines Glaubens übergebe.

Geborgen sein

Aus Psalm 139
Eine Übertragung

Gott, du kennst mich.
Ich sitze oder stehe auf – du bist da.
Ich gehe oder liege – du bist da.
Von allen Seiten umgibst du mich
und ich bin bei dir geborgen.
Wäre ich im Himmel – du bist da.
Legte ich mich ins Totenreich – du bist da.
Die Finsternis ist nicht finster bei dir,
Finsternis ist wie das Licht.

Dazu eine Körpererfahrung: Die Hoffnung, die in diesem Psalm spricht, kann ich mir in einer körperorientierten Übung immer wieder vergegenwärtigen. Die Übung ist in jeder Körperhaltung möglich.

Zunächst gilt es, zur Ruhe zu kommen und ganz bei sich zu sein. Dann beginne ich vom Scheitelpunkt abwärts mir meinen Körper und den umgebenden Raum bewusst zu machen und dort mit allen Sinnen wach und präsent zu sein. In dieser Bewusstheit spreche ich das Psalmwort. Die Übung kann im Stehen mit einer Gebärde und im Liegen mit der vorher genannten Yoga-Übung verbunden werden.

Klassische Musik: Es gibt Musik von Mozart, Bach und Haydn, die vom Glauben an und dem Wissen um ein

Leben nach dem Tod inspiriert ist. Im Zuhören kann ich mich mit hineinnehmen lassen und gleichsam über die Grenzen dieser Wirklichkeit hinübertragen lassen. »Ich kann mich in diese Bacharien ganz hineinfallen lassen. (...) Ich übersteige meinen Alltag und erahne, dass es in mir noch eine andere Sehnsucht gibt, (...) eine Sehnsucht, die mir allein gehört, die mich weit macht und zu Gott erhebt, eine Sehnsucht, die über den Tod hinausreicht und jetzt schon den Himmel berührt« *Anselm Grün*). Vielen Sterbenden hilft deshalb diese Musik im letzten Loslassen.

Musikhinweise, zu denen es verschiedene und unterschiedliche Aufnahmen gibt:

- Die Göttliche Liturgie des Heiligen Vaters Johannes Chrysostomus – Orthodoxe Chormusik
- J. S. Bach: h-Moll-Messe, Matthäuspassion, Kantaten
- Schütz: Musikalische Exequien
- Brahms: Ein deutsches Requiem
- Mozart: Klavierkonzerte

Manche Menschen ziehen der klassischen Musik Jazz und Musik aus dem Bereich Rock und Pop vor. Hier gilt es miteinander behutsam auszuwählen.

Für und mit dem Begleiteten

Begleitung im Sinne der letzten Bitte bedeutet, dem Sterbenden vor allem Zuwendung zu schenken, in der er sich wertgeschätzt, geliebt und angenommen fühlt und durch die er darin bestärkt wird, seinen Weg zu gehen, in den Tod und darüber hinaus.

Je mehr das Leben sich dem Ende zuneigt, desto weniger sind Worte nötig und möglich. Berührung, Anteilnahme, zugewandtes, aufmerksames und offenes Dasein werden zum wichtigsten Ausdruck der Begleitung.

Vertrautes verbindet

Wenn der Sterbende in die Phase der Annahme, des Einverstandenseins hineinfindet, sind Gespräche oft nicht mehr gewünscht. Gut ist es aber, solang es noch möglich ist, Vertrautes zu wiederholen, gemeinsam Musik zu hören, zu singen, zu beten, zu schweigen. Wobei gemeinsam nicht heißt, dass der Sterbende sich noch verbal beteiligt; meistens geschieht Beteiligung jetzt nonverbal, durch ein zustimmendes Lächeln, Nicken, durch einen innigen Gesichtsausdruck, eine Bewegung des Kopfes oder der Hand. Manchmal ist es auch nur die Veränderung der Körperspannung, die zeigt, ob es dem anderen guttut oder nicht. Was nicht mehr gewünscht wird, unterbleibt.

Zeichen der Nähe

Es gibt viele Möglichkeiten, kleine Zeichen der Nähe zu geben. So kann es gut sein, die Hand zu halten oder nur kurz über Arm oder Hand zu streichen, ein Tuch auf die Stirn zu legen, kann Erleichterung bringen, das Eincremen der Füße – und je nach Wunsch auch Gesicht, Hände oder Rücken – kann wohltun, ein vertrautes Lied zu summen oder zu singen oder auch nur da zu sein und zu schweigen. Gut ist es, wenn solche kleinen Zeichen schon im Verlauf der Begleitung gewünscht und geübt werden. Dann ist auch bekannt, was der Begleitete gern hat und was nicht. Es kann aber sein, dass sich dies in der letzten Phase noch einmal verändert und der Begleitete keine Berührung mehr will und zum Beispiel, obschon scheinbar ohne Bewusstsein, die Hand wegschlägt. Dann bedeutet dies, ihm auch körperlich Raum zu geben und sein Bemühen, sich zu lösen, innerlich zu unterstützen.

Atem

Die letzte Übung ist die Begleitung des Ausatmens. Im Ausatmen liegt das Ja zum Sterben und die Bereitschaft, mit dem Atem den Körper zu verlassen. Wenn dies vertraut ist, kann der Begleiter dies erinnernd ansprechen: Vertraue deinem Atem, er kennt den Weg.

Tonus-Übertragung

Ein wichtiger Hinweis: Aus der Alltagserfahrung wissen wir, wieweit sich unsere Stimmung auf einen anderen Menschen übertragen kann bzw. wieweit wir unsere Stimmung auf andere übertragen. In der Begleitung ist es wesentlich, dass wir unsere Gefühle von denen des Begleiteten unterscheiden können und ihm so Raum für seine eigenen Gefühle geben. Doch gerade weil der Sterbende sehr sensibel für die Schwingungen im Raum ist, kann meine Ruhe, meine Offenheit für das was ist und kommen will, hilfreich sein. Wer mit Meditation oder einer anderen geistlichen Übung Erfahrung hat, kann in der eigenen inneren Herzensruhe verweilen, Licht und Liebe vergegenwärtigen und dies für den Sterbenden erbitten.

Ein anonymer Mystiker des 14. Jahrhunderts schreibt: »Liebe ist schließlich nichts anderes als die allerletzte persönliche Bindung an Gott« (*Kontemplative Meditation. Die Wolke des Nichtwissens*). Wer in ihr bleibt, findet den Weg über den Tod hinaus zu Gott.

»Sieh mich! Würdige mich! Lass mich!«

Martin Thurner

Kraftvolle Zeichen im Übergang, besonders in der katholischen Tradition

Ich spüre es heute noch, wie ich das Sterben einer alten Bäuerin miterlebt habe. Ich war zum Krankenbesuch bei ihr. Bald war das Sterben im Gespräch. In ihrer oberbairischen Muttersprache sagte sie: »Das werden wir auch noch überleben.« Sie bat mich, die Sakramente zu holen. Als ich zurückkomme, füllt sich die große Stube mit ihren Kindern und Kindeskindern. Wir feiern die Krankensalbung und das *viaticum*, die Kommunion für den Weg. Und mit dem Sterbesegen und dem Lied »Segne, du Maria« schließt die Feier.

Dann segnet sie die Ihren der Reihe nach mit dem Kreuzzeichen auf die Stirn, einem guten Wort und nimmt jeden fest bei der Hand zum »Behüt dich Gott«.

Es folgt das Rosenkranzgebet, während sie sich bereitmacht zu gehen; wir gingen einfach mit, wie durch eine offene Tür, und haben sie Gott anvertraut.

Mit der Litanei von der Gegenwart Gottes schließen wir. Dann nehmen alle in großer Stille und mit viel Zeit Abschied von der Mutter und Großmutter mit einem Kreuz auf die Stirn. Der Älteste legt ihr das Sterbekreuz in die gefalteten Hände, die Älteste bindet den Kiefer hoch und schließt ihre Augen. Alle geben ihr Weihwasser. Später dann wird ausgemacht, wer wann zur Totenwache kommt, wann an den drei Abenden in und vor dem Haus der Sterberosenkranz mit der Gemeinde gebetet wird.

Im Sterbegebet haben wir die Heiligen angerufen, die Erzengel Michael und Raphael, den Begleiter des Tobias, die Sterbepatrone Josef und Maria, die Heiligen Martin und Christophorus und die Nothelfer, und das Lied »Zum Paradies mögen Engel Dich begleiten« gesunden. Zum Vater Unser haben wir uns die Hände gegeben, die Sterbende in unserer Mitte.

Jedes Sterben ist ganz anders. Es ist gut, einfach dabei zu sein, beim tödlichen Unfall genauso wie im Seniorenheim, ob jemand gut vorbereitet ins Sterben geht oder ob jemand tagelang nicht sterben kann, ob der Ehemann das Sterben seiner jungen Frau nicht aushält und eine ganze Nacht Beistand braucht oder ob die Angehörigen und Nachbarn starr sind vor Schock und jemand brauchen, der das Geschehen anleitet.

Gut, wenn es in der Gemeinde ein Sterbeseminar gibt, bei dem sich Interessierte zusammensetzen, bei dem man erzählen und fragen kann, bei dem auch die eigene Sterbe- und Lebensangst zur Sprache kommt. Ich habe oft erlebt, wie dankbar Menschen sind, wenn sie Hilfe bekommen mit Gebeten und Worten aus der Heiligen Schrift, mit ausgewählten Psalmen und Liedern. In einem Sterbeseminar schrieb eine Frau das folgende Gebet:

»Herr, lass mich zum Leben kommen durch diese Tür. Wenn du mich eines Tages rufst auf den Weg zur endgültigen Begegnung mit dir, dann lass mich Schritte des Vertrauens gehen, dass du selbst es bist, der mir diese Tür öffnen wird, der mich einlässt, der mich an der Hand nimmt und mich führt in das Land meiner Sehnsucht, in die Fülle des Lebens, in das gelobte Land, das du uns verheißen hast. Denn du bist die offene Tür zwischen Himmel und Erde!«

Von allen Seiten umgibst du mich!

Guter Gott, lass mich dieses Wort in meiner Sterbestunde spüren.
Ich bitte dich: Strecke mir im Angesicht des Todes deine Hand entgegen, ich will dir begegnen, dem Gott meiner Hoffnung.
Ich weiß, wie nahe du mir warst und bist,
wie großzügig und barmherzig deine Güte ist.
Herr, du Gott, mach hell meine Augen für dein Licht,
und öffne mein Herz für deine grenzenlose Liebe.
Schenke mir Vertrauen in deine unbegrenzte Treue,
und wenn Ängste mich bedrängen, dann lass mich spüren:
»Fürchte dich nicht, ich bin bei dir!«
Leg deine lindernde Hand auf meine Seele!
Wenn Schmerzen mich quälen,
wenn ich erschrecke vor der Erbärmlichkeit meines eigenen Lebens,
wenn ich armselig, nackt und bloß vor dir stehe,
dann schau mich an mit den Augen deiner gütigen Barmherzigkeit!
Die Tür zu dir hat dein Sohn Jesus schon aufgemacht.
Hand in Hand und Seite an Seite mit dir
will ich durch das Dunkel des Todes hindurchgehen;
denn ich glaube fest: Du umgibst mich von allen Seiten.
Amen.

Dieses Gebet zur Sterbestunde hat eine Frau in einer Gemeinde geschrieben, in der ich Pfarrer war.

In der evangelischen Kirche gehören einige dieser Rituale auch zur Sterbebegleitung. Im nächsten Abschnitt über Krankenhausseelsorge finden Sie zahlreiche Hinweise zum evangelischen Selbstverständnis.

Orte und Möglichkeiten der Begleitung

Die Begleitung eines sterbenden Menschen kann an verschiedenen Orten erfolgen. Dies kann zu Hause sein, auf der Palliativ-Station eines Krankenhauses, auf einer normalen Station eines Krankenhauses, in einem Altenheim – wobei dieses erstaunlicherweise bei der Sterbebegleitung am wenigsten erwähnt wird – oder in einem Hospiz. In den nachfolgenden Abschnitten werden die Unterschiede zwischen den einzelnen Orten und ihren Möglichkeiten deutlich. Zu Hause, auf einer Palliativstation und in einem Hospiz werden die Angehörigen intensiv mit einbezogen.

Im Krankenhaus

Im Krankenhaus gibt es sicher den Anspruch, einen Menschen zu begleiten. In der Praxis sieht dies jedoch nach unseren Erfahrungen sehr unterschiedlich aus. Dies liegt wohl auch daran, dass im Krankenhaus die Heilung eines Menschen im Vordergrund steht. Der Mensch soll gesund werden, aber nicht sterben. Dieser Anspruch führt noch zu oft dazu, dass das Sterben im Krankenhaus als *Niederlage* empfunden wird. Dem Anspruch der Gesundung steht eine andere Wirklichkeit gegenüber. Fast die Hälfte aller Menschen stirbt im Krankenhaus. Zum Teil liegt dies daran, dass sterbende Menschen sowohl Angehörige wie Pflegeheime überfordern. Zum Teil liegt dies aber auch daran, dass noch bestimmte medizinische Vorstellungen vorherrschen, die das Sterben nicht als Teil des Lebens verstehen und deshalb nicht rechtzeitig klar genug dahingehend beraten, dass der absehbar Sterbende aus dem Krankenhaus z. B. noch einmal nach Hause kann, um dort zu sterben. Obwohl in den letzten Jahren medizinisch bewusst gemacht wurde, dass Sterben medizinisch ein anderer Prozess ist als Leben, ist diese Erkenntnis noch nicht überall angekommen.

In einem gewissen Sinn ist die Situation in Krankenhäusern paradox. Obwohl die Mehrzahl der Menschen im Krankenhaus stirbt, steckt die Sterbebegleitung dort vielfach noch in den Kinderschuhen. Es gibt kaum einen Raum der Stille oder gut gestaltete Verabschiedungsräume für die Verstorbenen. Die Hospizarbeit ist in den Krankenhäusern nur unzureichend angekommen, selbst wenn sie eine eigene Palliativstation besitzen.

Allerdings versuchen immer mehr Krankenhäuser, eine eigene Hospizstation aufzubauen.

Für eine spirituelle Sterbebegleitung haben aber viele Krankenhäuser die Möglichkeit, auf Seelsorgerinnen und Seelsorger zurückzugreifen. Die Evangelische Kirche im Rheinland hat im Jahr 2012 dazu eine wegweisende Handreichung herausgegeben. Wir zitieren aus der Handreichung: »Krankenhausseelsorge als Aufgabe der Kirche und des Krankenhauses.«

Tätigkeitsfelder und Kompetenzen der Krankenhausseelsorge

Tätigkeitsfelder der Seelsorge für Patientinnen und Patienten

Im Vordergrund der Krankenhausseelsorge steht die Seelsorge an kranken Menschen und ihren Angehörigen. Sie geschieht durch Gespräche, Kriseninterventionen, Begleitungen, Gebete, Segnungen, Feier des Abendmahls, Krankensalbung und Gottesdienste.

Gespräche nehmen den größten Teil der Tätigkeit ein. Die Gespräche kommen überwiegend aufgrund der Geh-Struktur der Krankenhausseelsorge zustande, d.h. der regelmäßige Gang der Seelsorgerin und des Seelsorgers über die Stationen führt zu zahlreichen, meist spontanen Gesprächen mit Patientinnen, Patienten und Angehörigen, aus denen dann weitere geplante Gespräche erwachsen können. Patientinnen und Patienten wünschen auch von sich aus gezielt seelsorgerliche Gespräche. Bei guter Bekanntheit, Akzeptanz und Vernetzung der Seelsorgenden werden Gespräche über Pflegende und Ärztinnen und Ärzte vermittelt.

Schwerpunkte der Krankenhausseelsorge

Die Begleitung bei schweren Erkrankungen wie Krebs, neurologischen Erkrankungen, Erkrankungen von Organen, die eine Transplantation erfordern, psychischen Erkrankungen und den dadurch ausgelösten Lebens- und Glaubenskrisen, die Begleitung Sterbender und ihrer Angehöriger inklusive Krankensalbung und Verabschiedungsfeier am Sterbebett sowie die Begleitung von Eltern und Familien, die ein Kind verlieren.

In den letzten Jahren gewinnt die Ambulanzseelsorge für Krebserkrankte an Bedeutung in Strahlen- und Chemotherapie-Ambulanzen. Die Kranken kommen in sehr belasteter Situation über Monate und Jahre immer wieder in die Ambulanz, und viele sind dankbar für seelsorgerliche Präsenz.

Neben regulären Gottesdiensten finden unterschiedliche Gottesdienste in zahlreichen Krankenhäusern statt:

- Verabschiedungsfeiern für Verstorbene am Krankenbett
- Gedenkgottesdienste für im Haus Verstorbene, zu denen Angehörige und Mitarbeitende eingeladen werden
- Einzel- und Sammelbestattungen von während der Schwangerschaft verstorbenen Kindern an Kliniken mit geburtshilflichen Abteilungen. Die Gedenkgottesdienste und Sammelbestattungen finden in der Regel ökumenisch statt.
- Die Bestattung verstorbener Patientinnen und Patienten kommt immer häufiger vor, je mehr die

Menschen den Kontakt zu ihrer Wohnortgemeinde verloren, aber über die Krankenhausseelsorge einen persönlichen Kontakt zu einer Pfarrerin oder einem Pfarrer bekommen haben. In einigen Kliniken werden auch Trauergruppen angeboten.

— In Kinderkliniken und Häusern mit Stationen für Frühgeburten werden oft Taufen und Segnungen erbeten.

Palliativarbeit

Seit noch nicht ganz 30 Jahren gibt es innerhalb der Krankenhäuser die Einrichtung eigener Palliativstationen. Sie entstanden aus der Beobachtung engagierter Ärzte, die sahen, dass unheilbar kranke Patienten eine andere Betreuung und auch ein anderes ärztliches Denken brauchen als andere Patienten. Die aus diesen Erfahrungen erwachsene Palliativmedizin und das Nachdenken über ärztlich verantwortetes Handeln im Anblick des zu erwartenden Todes finden erst langsam Eingang in die medizinische Ausbildung und Praxis. *Gian Domenico Borasio* hat diese sehr gut und ausführlich in seinem Buch *Über das Sterben* dargestellt.

Eine Palliativstation ist eine Akutstation innerhalb eines Krankenhauses, sie steht unter ärztlicher Leitung. Aufgabe einer Palliativstation ist *nicht* primär die Begleitung in der Sterbephase, sondern die Bewältigung von Krisensituationen unheilbar Kranker.

Gian Domenico Borasio

Palliativmedizin und Begleitung

Bärbel Trautwein

Palliativmedizin umhüllt und schützt den Patienten (lateinisch *pallium*, der Mantel). Beim kurativen Therapieansatz (lateinisch *curare*, heilen) wird das Wohlbefinden des Patienten dem Ziel, die Krankheit zu heilen, untergeordnet. In der palliativmedizinischen Versorgung soll eine möglichst hohe Funktionsfähigkeit und Lebenszufriedenheit des Patienten erhalten werden, wenn keine Heilung mehr möglich ist. Das Konzept wurde ursprünglich für Patienten mit Tumorerkrankungen entwickelt, es gilt aber auch für jede andere Erkrankung, die progredient (= fortschreitend) und irreversibel (= unumkehrbar) zum Tode führt.

Die Palliativmedizin bejaht das Leben und sieht das Sterben als einen normalen Prozess an. Sie will den Tod weder beschleunigen noch hinauszögern, sondern stellt die Linderung von Schmerzen und anderen Beschwerden in den Vordergrund, integriert die psychischen und spirituellen Bedürfnisse und bietet ein System der Unterstützung an, damit das Leben der Patienten bis zum Tod so aktiv wie möglich sein kann. Sie bietet auch der Familie während der Erkrankung des Patienten und in der Trauerphase unterstützende Begleitung an. Ihr Hauptziel ist die Erhaltung oder die Verbesserung der Lebensqualität des Patienten und seiner Angehörigen. Nicht mehr die Verlängerung der Lebenszeit um jeden Preis, sondern Wünsche, Ziele und Befinden des Patienten stehen im Vordergrund. In der letzten Lebensphase orientiert sie sich dabei vor allem an den Kernbedürfnissen sterbender Menschen:

- Im Sterben nicht allein gelassen zu werden, an einem vertrauten Ort (möglichst zu Hause) zu sterben

— Im Sterben nicht unter starken körperlichen Beschwerden (z.B. Schmerzen) leiden zu müssen
— Die Regelung letzter Dinge (unerledigter Geschäfte)
— Das Stellen der Sinnfrage (z.B. nach dem Sinn des Lebens und Sterbens)
— Das Erörtern der Frage nach dem Danach

Viele Grundsätze der Palliativmedizin, z.B. die kausale Tumortherapie, können bereits in frühen Krankheitsstadien angewandt werden. Palliativmedizin ist oft schon in frühen Phasen der Erkrankung zur Linderung spezifischer Probleme und zur Krisenintervention hilfreich. Dazu wurde ein eigenes Konzept entwickelt, *Palliative Care* genannt.

Unter *Palliative Care* (palliative Betreuung) versteht man ein ganzheitliches Betreuungskonzept für Patienten, die sich im fortgeschrittenen Stadium einer unheilbaren Erkrankung befinden. Hier werden die Bemühungen des gesamten Teams von Ärzten, Pflegepersonal, Sozialarbeitern, Psychoonkologen, Psychologen, Seelsorgern, Physiotherapeuten und ehrenamtlichen Helfern zusammengefasst. Die palliative Betreuung kann in verschiedenen Einrichtungen wie Palliativstationen, Hospizen, Seniorenheimen, aber auch zu Hause in Anspruch genommen werden. Konsiliarteams beraten hier stationär und ambulant. Lebensqualität kann letztlich nicht von anderen, sondern nur vom Kranken selbst als eine für sein individuelles Leben wichtige Qualität erlebt werden.

»Wir wollen nicht dem Leben Zeit hinzufügen, sondern der verbleibenden Zeit Leben geben.« *Cicely Saunders*

Wichtig ist die kompetente und konsequente Behandlung quälender Symptome, soweit dies möglich ist, sowie die Hilfe und Unterstützung bei der Krankheitsverarbeitung. Dazu gehört die Krankheitsbewältigung, als eine Akzeptanz der unabänderlichen Krankheitssymptome und Behinderungen. Was dies bedeutet drückte Herr H. mir gegenüber so aus: »Der Grund, weshalb die Krankheit da ist, übersteigt mein Fassungsvermögen. Wichtig ist, die Krankheit zu akzeptieren. Es geht jetzt um das Wie: Wie ich damit fertig werde, wie ich damit lebe und vielleicht wie ich damit sterben werde.«

Die Unterstützung bei der Krankheitsverarbeitung und -bewältigung zielt im Wesentlichen auf die Bearbeitung von Verlusten, auf die Hilfe bei notwendigen Verzichtsleistungen und auf den Beistand in der Trauerarbeit. Eine Anpassung an veränderte Krankheitsmerkmale sowie die Stabilisierung des Selbstwertgefühls, eine sorgfältige Krankheitsaufklärung, der Abbau von Ängsten, das Aufzeigen von Ansatzpunkten für Hoffnung und eine psychische und soziale Unterstützung können den Betroffenen und den Angehörigen helfen.

Nochmals Herr H.: »Die Hoffnung stirbt nicht. Im Anfangsstadium der Krankheit hoffte ich, dass sie sich nicht ausbreiten möge. Aber sie hat sich ausgebreitet. Für uns Betroffene wandelt sich Hoffnung nur ein wenig, von Zeit zu Zeit.« So wird Hoffnung auch noch in der größten Beschränktheit möglich. Hoffnung wirkt, ohne sich erfüllen zu müssen.

Die Palliativpflege Schwerstkranker und Sterbender erfordert eine symptomorientierte, kreative, individuelle Pflege und die Auseinandersetzung mit den Themen Sterben, Tod und Trauer. Sie begreift den Menschen als ganzheitliches Wesen mit seinen physischen, psychischen, spirituellen und sozialen Komponenten und begegnet seinen Ängsten und Fragen. Jeder Mensch ist einzigartig im Erleben seiner Erkrankung, drückt seine individuellen Bedürfnisse aus und besitzt ein individuelles Potenzial an Ressourcen, ganz gleich, wie eingeschränkt er in seinen Fähigkeiten auch sein mag. Die individuelle Pflege soll eine möglichst hohe Lebensqualität unter größtmöglicher Selbstbestimmung gewährleisten. Dabei verändern sich die Bedürfnisse eines Sterbenden oft innerhalb kurzer Zeit und erfordern eine ständige Anpassung. Auch die Begleitung der Angehörigen ist ein wichtiger Auftrag und häufig genauso intensiv. Da die palliative Behandlung nicht auf Heilung ausgerichtet ist, sollte es zu einer grundsätzlichen Akzeptanz des Todes kommen. Um kompetent mit dieser Situation umgehen zu können, müssen eigene Gefühle und Ängste der beruflich Tätigen zugelassen und reflektiert werden.

Neben der Kompetenz bei Schmerztherapie und Symptomkontrolle haben parallel zu den medizinischen und pflegerischen Maßnahmen menschliche Qualitäten wie *Dasein* und *Aushalten* einen hohen Stellenwert. Auch die Art zu sprechen ist wichtig. Die Wahl der Worte öffnet oder verschließt Türen, heilt oder verletzt Menschen. Sanfte Sprache heißt keineswegs Verschleierung, Vertuschung oder Bagatellisierung. Sie zielt vielmehr in behutsamer Weise auf Wahrhaftigkeit, Klarheit und Öffnung. Die Wirkung von Worten will bedacht sein, damit auch durch das Gespräch eine vertrauensvolle Beziehung entstehen kann. Diese ganzheitliche Wahrnehmung erfordert Offenheit und das Hineinfühlen in die Lebenswelt und damit in die Probleme und Fragestellungen des Patienten und seines Umfeldes.

Hinter allem steht die Erkenntnis, dass die letzte Zeit im Leben eines schwer kranken Menschen manchmal die wichtigste Zeit seines Lebens ist. Sie bedeutet Abschiednehmen und Weggehen von dieser Welt. Es ist also eine wesentliche Aufgabe des gesamten Teams, Kranke zu behandeln und zu begleiten.

Für die Begleitung sterbender und trauernder Menschen ist neben der beruflichen und spirituellen Begleitung auch die Aufarbeitung der eigenen Biografie entscheidend. Dabei erfährt der begleitende Mensch: So wie ich in mein Leben begleitet werde, kann ich auch andere begleiten.

Weitere fachliche Informationen finden Sie im *Lehrbuch der Palliativmedizin*, herausgegeben von *Eberhard Aulbert*, *Friedemann Nauck*, *Lukas Radbruch*.

Der Stille Raum

Der Stille Raum ist weit,
birgt in sich selbst der Unrast Lärm,
hält aus der Seele stechend Schmerz,
gibt Heimat deinem tiefsten Glück,
umhüllt sogar des Abgrunds letzten Grund,
fügt, was entzweit, zur Einheit dir.
Der Stille Raum ist deines Herzens Ziel –
und Gegenwart,
dort lebst du ganz, bist dort zu Haus,
dort wohnet Frieden, Liebe, Licht,
dort weilt kostbar der göttlich Fülle Sein,
unendlich nah und stets in dir,
des Atems Jetzt ist seine Tür.

Rainer Moritz

Die Hospizarbeit

Was ist ein Hospiz?

Das Hospiz ist wie ein kleines liebevolles Pflegeheim mit den Kompetenzen und Möglichkeiten, die im Abschnitt über *Palliative Care* beschrieben werden. Die Menschen, die dort hinkommen, ihre Angehörigen und die Mitarbeiter dort wissen um das zu erwartende Sterben – ohne den Zeitpunkt zu fixieren. Die Haltung, die Gestaltung und Atmosphäre des Hospizes trägt dem Leben, das jetzt ist, Rechnung.

Geschichte der Hospizarbeit

Die Hospizarbeit ist einerseits eine alte, weit ins Mittelalter zurückreichende christliche Form der Krankenbegleitung, im heutigen Verständnis jedoch eine recht junge Form der außerhäuslichen und nicht den Krankenhäusern zugeordnete Sterbebegleitung. Das erste Hospiz wurde von *Lady Dr. Cicerly Sanders* 1967 in London gegründet, um Menschen mit Tumorerkrankungen eine liebevolle und wertschätzende Begleitung auf dem letzten (Lebens-)Weg zu ermöglichen. Damit greift der Name *Hospiz* die frühe Bedeutung des Wortes auf, nämlich Herberge am (einstigen Pilger-)Weg zu sein. Sterben wird also mit dem Pilgerweg – das Leben ist ein Pilgern – verbunden. Auch in Deutschland ist die Hospizbewegung verstärkt im Bewusstsein der Menschen. Damit verändert sich auch der Blick auf die Lebensqualität am Lebensende. Es gibt unterschiedliche Hospize, die dem Menschen und seinen Bedürfnissen individuell Rechnung tragen. Fast alle Hospize nehmen jeden Menschen auf, aber nicht jedes Hospiz ist für jeden geeignet.

So finden Sie im Folgenden neben den Erfahrungen aus der christlich geprägten Hospizarbeit auch Grundgedanken und Erfahrungen zur spirituellen Begleitung aus einem Hospiz, das von der Zen- und der buddhistischen Tradition geprägt ist. Die Selbstverständlichkeit der spirituellen Begleitung empfinden wir als interreligiöse Bereicherung. Auch die christlich geprägten Hospize bringen die eigenen spirituellen Grundlagen liebevoll und fördernd für die Menschen ein. Hierbei geht es nicht um eine Vereinnahmung des Menschen, sondern um die Verdeutlichung der eigenen Identität und ein Angebot der Orientierung. Wir möchten dazu ermutigen, die Hoffnung des christlichen Glaubens und den Reichtum der christlichen Tradition für den Menschen im Prozess des Sterbens und des Lebens wohlwollend zugänglich zu machen.

Seit dem 1. August 2009 übernehmen nach Beschluss des Deutschen Bundestages die Krankenkassen die gesamten 90 % des Pflegesatzes stationärer Hospize (95 % bei Kinderhospizen). Die restlichen 10 % bringen die Hospize durch Spenden oder auch durch Stiftungen auf. Dies geschieht mit Absicht, damit nicht aus wirtschaftlichem Interesse Hospize gegründet werden. Nach unserer Erfahrung gibt es eine hohe Spendenbereitschaft für Hospize.
Welcher Ort für einen sterbenden Menschen am besten geeignet ist, muss im Einzelfall unter Einbeziehung aller Betroffenen gut geklärt werden. Dafür sollte man sich auch und gerade im Angesicht des Sterbens Zeit nehmen.
Zwei Internetadressen können eine Hilfe sein:
— Deutscher Hospiz- und Palliativ Verband: www.dhpv.de
— Deutsche Hospiz Stiftung: www.hospize.de

Fragen zur Hospizarbeit

Monika Schaefer (MS)

Um einen Einblick in die Hospizarbeit zu geben, haben wir *Monika Schaefer* die folgenden Fragen gestellt.

Was kann ich als Gast, als Angehöriger und auch als Mitarbeiter von einem Hospiz erwarten?
MS: Als Gast können Sie von einem Hospiz professionelle pflegerische und medizinische Betreuung sowie psychosoziale Begleitung erwarten. In vielen Befragungen wurde deutlich, dass die Menschen beim Sterben vor allem Angst vor Schmerzen und vor dem Ersticken haben. Diese Sorge gilt es, in allem, was Hospizarbeit leistet, ernst zu nehmen. Dazu dienen auch die verschiedenen begleitenden Angebote wie Musik, Aromen, Kinästhetik, basale Stimulation, Fußreflexzonenmassage, Einreibungen und vieles mehr.

Zum Angebot eines Hospizes gehören immer auch Ehrenamtliche, die sich mit der eigenen Endlichkeit auseinandergesetzt haben und die mit ihrer Zeit und ihren Möglichkeiten zur Verfügung stehen.

Sowohl der Gast als auch die Angehörigen dürfen Respekt in Bezug auf Nähe und Distanz, in Bezug auf ihre familiären und kulturellen Eigenarten und Besonderheiten erwarten.

Für die Angehörigen ist es wichtig, dass sie im Hospiz Begleitung und Beistand in den Stunden des Abschieds erfahren. Hier leisten die Mitarbeiter aus Pflege, Medizin, Hauswirtschaft, Reinigung und Ehrenamt ihren Beitrag aus ihren jeweiligen Kompetenzen heraus. Dazu gehört für die Pflegenden und Ärzte Kenntnis über den Ablauf des Sterbeprozesses und aus diesem Wissen heraus die Unterstützung der Angehörigen. Es wird auch gezielt Hilfe, z.B. Anleitung in nonverbaler Kommunikation, angeboten, falls dies die Beziehung zu den Angehörigen bzw. Freunden zulässt. Das Angebot an Ritualen, die den Abschied begleiten und das Unerklärliche symbolisieren, rundet die palliative Versorgung ab.

Die Mitarbeiter in einem Hospiz können erwarten, dass die Problematik ihrer Arbeit gesehen wird. Supervision, Fortbildungen, Teambildung und ein respektvoller Umgang untereinander dienen der Psychohygiene und der Burn-Out-Prophylaxe.

Die Hospizarbeit wird von verschiedenen Trägern angeboten. Spürt man das eigentlich, wer der Träger der jeweiligen Hospizarbeit ist?
MS: In unserer Einrichtung, einem Hospiz in christlicher Trägerschaft, kann man dies zum Beispiel daran erkennen, dass in allen Zimmern ein Kreuz hängt als Ausdruck des katholisch-christlichen Glaubens an die Erlösung, die unter dem Kreuz beginnt. Auch gibt es bei uns als *Raum der Stille* einen eigens gestalteten Andachtsraum. Alle Mitarbeiter müssen einer christlichen Kirche angehören. Es besteht ein enger Kontakt zu den Seelsorgern beider christlicher Konfessionen, der auf Wunsch den Angehörigen und Gästen vermittelt wird. Die angebotenen Rituale zur Begleitung des Sterbeprozesses greifen christliche Traditionen, Vorstellungen und kirchliche Praxis auf. Der Umgang mit dem Verstorbenen bis hin zur Begleitung bei Abholung durch die Pietät bleibt genauso respektvoll und aufmerksam wie gegenüber dem lebenden Gast.

Ist der Träger des Hospizes entscheidend für die Wahl?
MS: In der Regel fällt die Entscheidung pragmatisch.

Entscheidend sind freie Plätze, die Nähe zum Wohnort, zu den nächsten Angehörigen. Jedes Hospiz steht jedem Sterbenden offen. Alle mir bekannten Hospize bemühen sich um eine den Glaubensvorstellungen der Gäste und Angehörigen adäquate Begleitung. So sollte es auch möglich sein, dass beispielsweise ein Muslim oder ein Atheist in einem christlichen Hospiz respektvoll in seinem Glaubensvollzug unterstützt wird.

Welche Haltung sollten die Mitarbeiter vermitteln?
MS: Grundsätzlich sollten sie jeden Menschen wertschätzen und die Eigenheiten des Einzelnen respektieren. Die Begleitung im Grenzbereich zwischen Leben und Tod sollte von professioneller Empathie gegenüber Gästen und Angehörigen getragen sein, die sich im Da-Sein, im zugewandten Zuhören, Hinhören und Unterstützen zeigt.

Würden sie ihre Arbeit auch als spirituelle Sterbebegleitung sehen?
MS: Sicher ist dies ein wichtiger Aspekt unserer Arbeit.

Wieweit spielt die eigene Auseinandersetzung mit dem Sterben und dem Tod bei den Mitarbeitern eine Rolle?
MS: Die ständige Arbeit in der Nähe des Todes erfordert eine bewusste Haltung dem eigenen Sterben und Tod gegenüber. Je nach Begleitung werden eigene biografische Erlebnisse berührt. Es ist wichtig, hierfür aufmerksam zu sein und Unterstützung bei Kollegen, Leitung und Supervision anzufragen und auch einzufordern.

Welche Hoffnung wird in der Begleitung angesprochen, wird dabei spürbar?

MS: Das aufmerksame Bemühen bei der Begleitung um die kleinen Dinge des Lebens, wie Musik, Blumen, Sonne, Nähe, eine schöne Geschichte, ein Gebet, ein liebevoll hergerichtetes Abendbrot, unterstützt ein würdevolles Sterben. Darin drückt sich die Hoffnung aus, dass respektvolle und liebende Unterstützung dem Sterbenden eine Hilfe auf seinem Weg sein kann und dass es sich beim Sterbeprozess um ein Transitorium in das wahre und endgültige Leben handelt.

Welche Begleitung wird den Sterbenden/den Angehörigen angeboten?
MS: Das ist ganz unterschiedlich: Neben dem Tod spielt gerade im Hospiz das Leben eine große Rolle: So geht es auch darum, Genüssliches anbieten, häufig in kleinen Portionen, überhaupt Bedürfnisse wahrzunehmen und in der Durchführung unterstützend tätig sein. Dazu ein paar Beispiele:

Herr K. war Mitarbeiter in einem landwirtschaftlichen Betrieb und für die Versorgung der Tiere zuständig. Eine Kollegin hat ein Fuder Heu mitgebracht, das wir im Zimmer in der Nähe des Bettes ausgebreitet haben. Der Geruch und das Anschauen haben Herrn K. große Freude bereitet und uns Pflegenden war seine große Liebe zu den Tieren gegenwärtig.

Herr und Frau S. haben einen Großteil ihrer Freizeit auf einem Campingplatz in der Nähe eines Sees zugebracht. Kollegin C. begleitete die beiden an einem Sommernachmittag zu einer Badestelle in der Nähe des Hospizes. Es war einer der letzten Ausflüge, die dem immer schwächer werdenden Gast möglich waren.

Der Frauenfasching war für Frau W. fester Bestandteil ihres gesellschaftlichen Lebens. Am Donnerstag vor

Karneval wird sie mit Schmerzpumpe und Abwurfbehältern zur Behandlung ihrer starken Übelkeit von Ihrem Sohn abgeholt und zum *Kreppelkaffee* begleitet, wie der im Rheinland als *Wieverfastelovend* bekannte Nachmittag in Hessen heißt. Erschöpft aber glücklich kehrt sie am Abend ins Hospiz zurück.

Frau P. kann aufgrund ihrer Erkrankung das Bett nicht mehr verlassen und sich auch nicht mehr ohne Hilfe bewegen. Therapiehund Emma legt sich auf einer eigenen Unterlage ins Bett an ihre Seite und gewährt Beistand. Er ist einfach da, erhält ein Leckerli und schenkt Körperkontakt.

Frau K. ist Geigerin. Sie verbringt ihre letzten Tage im Hospiz. Kollegin Sch. bringt zum Nachtdienst ihre Klarinette mit, und die beiden musizieren gemeinsam, nachdem die Abendrundgänge erledigt sind. Kollegin Sch. übersieht ein Vorzeichen. »Da müssen Sie das nächste Mal aber ein B spielen!« An diesem Abend ist Frau K. nicht die Bedürftige, Schwache, die allenthalben auf Unterstützung angewiesen ist. Nein, sie sagt an, wie die Musik gespielt werden muss!

Wie spiegelt sich das Verständnis vom Sterben, vom Tod und dem, was danach gedacht wird, in der Begegnung mit dem Sterbenden und den Angehörigen in Ritualen und in der Ausstattung der Räume wider?

MS: Äußerlich, wie bereits erwähnt, in der Ausstattung der Räume mit dem Kreuz und in der Gestaltung des Andachtsraumes. Außerdem in den Ritualen, mit denen das Sterben und der Tod begleitet werden (→ Seite 158). Darüber hinaus hat jeder Mitarbeiter sicher eigene Rituale. Ich persönlich verabschiede mich von dem Verstorbenen mit einem stillen Innehalten und – es sei denn, es widerspricht der Haltung des Verstorbenen – mit dem Beten des Vaterunsers.

Manchmal entstehen aus der Situation heraus neue Rituale. Es gab eine Zeit, in der wir in kurzer Zeit so viele Menschen zu verabschieden hatten, dass ich sozusagen inflationär das Vaterunser betete. Irgendwann ging mir der Bezug verloren, und es entstand das Gefühl, etwas zu erledigen. Unser Seelsorger, den ich um ein Gespräch bat, gab mir den Hinweis, mich in den Raum der Stille zurückzuziehen, an den Verstorbenen zu denken und ein Symbol zu nennen oder hinzustellen, das ich mit der Person verbinde. Auch hier ist das Entzünden einer Kerze eine sinnstiftende, tröstliche Handlung.

Der folgende Überblick über Rituale und Begleitung beim Tod eines Menschen bezieht sich auf die Arbeit in einem Hospiz. Er ist aber auch Anregung und Orientierung für die Sterbesituation zu Hause.

Rituale: Ein Mensch verstirbt – Angebote im stationären Hospiz

Monika Schaefer

Wachen beim Sterbenden

- Kerzenlicht
- Engel (Handschmeichler aus Maria Laach)
- Sanftes Ausstreichen der Unterschenkel, Füße
- Aromen, die den Abschied begleiten können (Nadelhölzer)
- Mantren, wie z. B. Liedrufe aus Taizé (Bleibet hier und wachet mit mir)
- Stilles Begleiten, Sitzen

— Leises oder stilles Lesen von Psalmen
— Rosenkranz
— Entsprechende Stellen aus dem katholischen Gotteslob
— Entsprechenden Stellen aus dem evangelischen Gesangbuch
— Besuch eines Geistlichen, falls erwünscht

Versorgen des Verstorbenen

— Innehalten
— Batterie aus der Wanduhr entfernen
— Entfernen der Zu- und Ableitungen
— Entfernen von Lagehilfsmitteln (Kissen, Decken etc.)
— Lagerung in Rückenlage, Kopf auf Handtuch oder kleinem Kissen
— Hände verschränkt oder seitlich am Körper ablegen
— Gegebenenfalls Hände falten
— Augen schließen
— Mund schließen, entsprechende Hilfen werden bei Bedarf eingesetzt (Wünsche der Angehörigen berücksichtigen)
— Fenster weit öffnen (je nach Witterung)
— Gegebenenfalls Ordnung im Zimmer herstellen, falls Gerätschaften störend wirken, jedoch keine umfassenden Aufräumaktionen!
— Zwei Stunden Ruhezeit
…
— Benachrichtigen der Angehörigen, falls sie nicht im Haus anwesend sind
— Entzünden der Kerzen im Andachtsraum
— Eintrag in das Gästebuch, eventuell auch mit eigenem Gruß
— Entzünden der Kerze neben dem Gästebuch

— Buch offen hinlegen mit der Seite des Verstorbenen
— Ein Licht vor das Zimmer stellen
— Einen Blumenschmuck vor die Türe legen
...
— Per Fax Benachrichtigung des behandelnden Arztes, der Apotheke, des SAPV
— Fax an Standesamt (Eintragen von Datum, Todeszeitpunkt, Unterschrift!)
— Pflegedokumentation
— Zusammenlegen der Dokumentation nach Standard der Verwaltung
— Austragen der Medikamente, BTM
...
— Nach dem Verstorbenen sehen
— Was brauche ich als begleitende Pflegekraft (Ruhe, Gebet, Innehalten, einen Engel in der Tasche, ein Kerzenlicht für mich, einen Duft, Kaffee- oder Zigarettenpause, persönliches Ritual ...)
...
— Begrüßen der Angehörigen
— Angehörige zum Zimmer begleiten
— Bei Bedarf Beistand anbieten, ansonsten Diskretion und Rückzug
— Im Wohnraum für eine warme, wärmende und tröstliche Atmosphäre sorgen
— Warme und kalte Getränke bereitstellen
— Taschentücher bereitstellen
— Im Wohnraum Kerzenlicht entzünden
— Duftlampe
...
— Die Angehörigen nehmen sich die Zeit, die sie zum Abschied brauchen
— Pietät (Bestattungsinstitut) erfragen

— Pietät soll sich mit dem Hospiz in Verbindung setzen
— Mitteilen, wann voraussichtlich die ärztliche Leichenschau erfolgen wird
— Wenn Besuch eines Geistlichen erwünscht ist, Kontakt herstellen

...

Verschiedenes

— Angehörige entzünden die Kerze neben dem Gästebuch als Symbol des Abschieds und des unwiederbringlichen Todes
— Nach zwei Stunden kann die Leichenwäsche erfolgen
— Gegebenenfalls Angehörige einbeziehen
— Entsprechendes Angebot feinfühlig unterbreiten, als eine von vielen Möglichkeiten, dem Verstorbenen eine letzte Ehre zu erweisen
— Wünsche bezüglich des Ankleidens besprechen
— Zimmer herrichten, alles Überflüssige wegräumen

...

Abholung des Verstorbenen

— Zunächst werden die Formalitäten erledigt, damit im Anschluss daran ungestört die Abholung erfolgen kann
— Leichenschauschein
— Original-Sterbebescheinigung für das Standesamt
— Rechnung Leichenschau
— Pflegekraft begleitet die Pietät zum Zimmer
— Einsargen erfolgt durch die Pietät
— Begleiten des Sarges bis zum Auto, Verabschieden
— Löschen der Kerzen im Haus
— Ausräumen des Zimmers (Bettwäsche)
— Lüften

- Benachrichtigen der Angehörigen, dass die persönlichen Gegenstände abgeholt werden können
- Das leere Zimmer wird mit Weihrauch geräuchert

Der Verstorbenen gedenken

Zu Beginn der 14-tägig stattfindenden Teamsitzungen wird im Andachtsraum der Verstorbenen gedacht. So haben die Mitarbeiter einen Raum des Erinnerns und Abschiednehmens im Kreis der Kollegen.

Zweimal im Jahr findet für die Angehörigen und Freunde der im Haus verstorbenen Menschen ein Gedenkgottesdienst bzw. eine Gedenkandacht statt, die von Mitarbeitern und einem Geistlichen gestaltet ist und eine Möglichkeit zur Trauer, zum Erinnern und zum Abschied bietet.

Üblicherweise werden im Rahmen von Gebeten, Liedern und im Schweigen die Namen der Verstorbenen verlesen und sich ihrer durch ein Symbol erinnert. Dies können entzündete Lichter sein oder niedergelegte Blumen.

Wenn zum Ende 50 Lichter leuchten oder 50 Blumen betrachtet werden, ist dies immer wieder ein starkes Zeichen für die Intensität der Begleitung. Im Anschluss an die Andacht kann ein zeitlich begrenztes Beieinandersein im Wohnraum stattfinden.

Erfahrungen in der Begleitung im Hospiz – Spiritualität in der Sterbebegleitung

Monika Schaefer

Was bedeutet erlebte Spiritualität bei der Begleitung schwerkranker und sterbender Menschen? Was bedeutet für mich der Begriff Spiritualität? Der Duden beschreibt Spiritualität als Geistigkeit, inneres Leben und geistiges Wesen. In Wikipedia wird auf den lateinischen Ursprung und des Verbs *spiro*, ich atme, verwiesen.

Beides setzt bei mir Assoziationen frei und ruft Erinnerungen wach: Der Sterbeprozess führt vom Äußeren zum Inneren, und zum Schluss haucht der Mensch mit dem letzten Atemzug sein Leben aus. Dies habe ich so oft begleitend erlebt: zum Außen gehörig, das Innere spürend.

Die Verbindung zum Sterbenden geschieht oft auf der geistigen Ebene. Nicht nur zum Sterbenden, häufig entwickelt sich auch zu den Angehörigen eine geistige Nähe. Beim Leben und dann auch beim Sterben eines Menschen anwesend und Begleitende zu sein, macht mich immer wieder aufs Neue ehrfürchtig.

Als Palliativpflegefachkraft habe ich die vergangenen sechs Jahre Menschen in einem stationären Hospiz gepflegt. Viele sind gekommen, und fast alle sind dort auch gestorben.

Ich erinnere mich an einige Begegnungen, die mir besonders nachdrücklich das Gefühl gegeben haben, dass es etwas hinter den real fassbaren Dingen gibt. Sie haben mich mit einem Gefühl der Dankbarkeit und Wärme zurückgelassen. Und sie ließen mich meine eigenen Grenzen spüren. Sie haben mich immer wieder wahrnehmen lassen, dass nicht nur die Sterbenden, sondern auch ich aufgehoben bin in einem großen Ganzen. Im Folgenden zwei solcher besonderen Erfahrungen:

Der Rosenkranz

Frau A. lässt sich von zu Hause eine Marienfigur bringen. Diese ist etwa einen Meter hoch. Maria steht nun auf der Kommode, die üblicherweise Pflegeutensilien enthält und die nun als Sockel für die Heiligenfigur dient. Frau A. ist sehr glücklich. Die Figur bedeutet ihr viel, sie hat sie ein Leben lang begleitet, und sie ist gleichzeitig eine Erinnerung an ihre polnische Heimat. Regelmäßig betet sie den Rosenkranz in ihrer polnischen Muttersprache.

Es ergibt sich, dass ich als katholische Christin in einem ökumenischen Gebetskreis von einer evangelischen Pfarrerin im Rahmen eines thematischen Abends Informationen und Gebrauchsanweisungen für verschiedene Formen von Rosenkränzen erhalte. Meine seit Jugendtagen eher skeptische Haltung gegenüber dem *Gegrüßet seist du Maria* verändert sich. Ich erinnere mich an den Marienaltar, den wir in Kindertagen im Mai aufbauten, und an das bei einem Gebet erfolgte Ablegen mancher Kümmernisse bei der Mutter Gottes. Ein lang verborgenes Gefühl der Nähe zu meinen katholischen Wurzeln wird im Ökumene-Kreis berührt. Ich nehme die Notizen und Anregungen des Abends mit ins Hospiz und lege den Text des Rosenkranz-Gebetes in die Krankenakte von Frau A.

Nur wenige Zeit später verschlechtert sich der Zustand der Bewohnerin. Sie kann kaum noch sprechen. Ich habe Nachtdienst. Pflegerisch ist alles Notwendige getan, und ich biete ihr an, mit ihr zu beten. Sie wünscht sich den Rosenkranz. Ich gestehe, dass ich die einzelnen Stationen nicht auswendig kann und natürlich schon gar nicht in Polnisch. Frau A. spricht nur sehr wenig Deutsch, sodass ich ihr den Vorschlag mache, den Rosenkranz laut vorzubeten; sie selbst bewegt die Lippen und formt polnische Silben. Zunächst nehme ich die Abschrift aus dem Ökumene-Kreis zur Hand, die ja in ihrer Akte liegt, später dann das katholische Gebetbuch.

Mich bewegt dieses nun allabendlich stattfindende Ritual. Es lässt mich meditative Ruhe und Verlässlichkeit spüren. Frau A. schöpft deutlich spürbar Kraft und Zuversicht aus dem gemeinsamen Gebet. Im Rahmen der palliativen Pflege wird ihr dies in den folgenden Tagen regelmäßig von Kollegen und Ehrenamtlichen angeboten und ermöglicht.

Frau A. verstirbt eines Abends, begleitet und behütet von der Mutter Gottes. »Heilige Maria, Mutter Gottes, bete für uns, jetzt und in der Stunde unseres Todes. Amen.«

Kaviar

Herr S. verstirbt wenige Tage nach seiner Aufnahme im Hospiz. Der Bruder – die beiden standen sich sehr nahe – kommt, um Abschied zu nehmen. Er bittet um den Kaviar, der noch vom Besuch am Vortag im Kühlschrank sein muss und den sich der Verstorbene gewünscht hatte. Gern reiche ich ihm das kleine Döschen, Teller und Besteck. Dann fällt ihm ein, dass da auch noch der Champagner stehen muss, den der Bruder, der sich so wohlgefühlt hat nach seinem Einzug ins Hospiz, am Vortag genossen hat. Beide schienen keine »Betbrüder« gewesen zu sein. Ihre innere Verbundenheit wird die beiden Menschen auch über den Tod hinaus begleiten. Im Äußeren symbolhaft erfahren durch Speis und Trank. Es ist ein Abschied mit Champagner und Kaviar!

Spiro – ich atme – vom Anfang bis zum Ende

Bei jeder Sterbebegleitung habe ich es als hilfreich und wichtig erlebt, nicht nur auf die Atmung des zu begleitenden Menschen zu achten, sondern auch meine eigene Atmung aufmerksam wahrzunehmen. Sie zeigt mir, ob ich ruhig, entspannt, zuversichtlich, geduldig, unruhig, hektisch, ängstlich oder ungeduldig bin. Beginne ich bewusst und achtsam langsam tief ein- und auszuatmen, verändert sich mein Zustand, *ich komme zu mir*. Sitze ich am Bett und berühre die Hand des Sterbenden, scheint immer wieder Ruhe überzugehen von der Lebenden auf den Sterbenden. So mache ich ebenfalls die Angehörigen auf die eigene Atmung aufmerksam. Und so ist regelmäßig zu spüren, wie Angst weicht, Ruhe einkehrt und das Unumkehrbare seinen Weg in aller Stille nehmen kann.

Sterben hat mit seiner Polarität, der Geburt, vieles gemeinsam. Der erste Atemzug, durch einen Klaps auf den Po provoziert, findet sein Ende im letzten Ausatmen: »Er hat sein Leben ausgehaucht.«

Es ist gut, wenn die Begleitenden gut auf ihre Atmung achten. Dann spürt der sterbende Mensch, dass die ihn Umgebenden gut auf sich aufpassen, und er kann sich ganz um sich selbst kümmern. Er spürt, dass er gut aufgehoben ist.

So ist die Spiritualität bei jedem Sterben vergleichbar mit der Spiritualität bei der Geburt eines Menschen. Das erste Einatmen ebenso wie das letzte Ausatmen sind etwas Existenzielles, ja Heiliges im Sinne von etwas Besonderem, Hervorgehobenem. So empfinden alle – die Angehörigen, meine Kolleginnen und ich – vielfach eine tiefe innere Ruhe und Dankbarkeit, bei aller Trauer.

Kerzenlicht

In vielen Hospizen ist es üblich, ein Kerzenlicht anzuzünden für den Menschen, der gerade verstorben ist. Es wird gelöscht, wenn der Verstorbene von der Pietät abgeholt wird und das Haus verlassen hat. Eine Kollegin hatte es sich angewöhnt, die Angehörigen zu fragen, ob sie die Kerze selbst entzünden möchten. Ich hätte nie gedacht, welch spirituelle Wirkung ein entfachtes Streichholz haben kann, das in Erinnerung und im Gedenken an den gerade verstorbenen Angehörigen oder Freund eine Kerze zum Brennen bringt. Auch wenn Tränen fließen und das Untröstliche spürbar ist, zeigt diese Geste Versöhnliches mit dem Geschehenen und ein Einwilligen in das Endgültige.

Engel

Im stationären Hospiz haben wir immer einen Vorrat an Bronzeengeln. Wir bieten sie den Kranken an, stellen sie auf den Nachttisch oder geben sie einem Angehörigen zum Trost mit. Auch mir sind sie ein wichtiger Begleiter geworden. Besonders im Nachtdienst und in der Vorahnung intensiver Begleitung stelle ich mir gern einen Helfer auf oder stecke ihn in die Kitteltasche. Es tut mir gut zu spüren, dass ich nicht allein bin, dass jemand auf mich aufpasst und mich unterstützt.

Begleitungen und Erfahrungen im Hospiz

Gudrun Schartenberg

In der heutigen Zeit ist es üblich, dass Firmen, Organisationen oder Einrichtungen ihre Philosophie transparent machen. Schnell ist erkennbar, welche Inhalte sie vertreten. Ein sogenanntes Logo soll verdeutlichen, was der jeweiligen Einrichtung bzw. dem Unternehmen wichtig ist. Mein Arbeitgeber zeigt damit sein Bekenntnis zur *Liebe zum Leben*. Dem kann ich als Christ und Mitarbeiter ohne Einschränkung zustimmen. Wir haben dasselbe Ziel – denselben Auftrag. Dennoch wird eine Pflegeeinrichtung nicht schon dadurch spirituell, dass im Eingangsbereich des Hauses ein Kreuz als Mosaik im Boden eingelassen ist; auch eine Kapelle, ein Raum der Stille oder ein Andachtsraum ist keine Garantie dafür. Entscheidend ist vielmehr die innere Haltung eines jeden Mitarbeiters.

Es ist nicht ungewöhnlich, dass Schwerstkranke oder Angehörige in Gesprächen auf der Suche nach Antworten auf ihre Fragen nach dem Sterben sind. Dann darf ich persönlich und authentisch von meiner christlichen Hoffnung sprechen.

»Wo ist der Ort, an dem ich meinen Löffel abgebe?«, formulierte vor nicht langer Zeit ein Mann seine wichtigste Frage. Ich erzählte ihm von *meinem Ort* und nahm ihn mit hinein in meine tägliche Fürbitte. Ich war erleichtert, als mir die Kollegen später berichteten, er sei ruhig und friedlich gestorben.

Im Gespräch mit einer jungen Frau, Mutter von zwei Kindern, sagte diese: »Eigentlich bin ich meiner Krebserkrankung dankbar.« Vor der Diagnosestellung hatte sie sich entschlossen, sich von ihrem Mann scheiden zu lassen. Sie hatte viele Sinn- und Lebensfragen, die ihr Ehemann nicht verstand. Mit der Zeit hatten sie sich immer weiter voneinander entfernt, und die Familie drohte auseinanderzubrechen. Aber dann kam die Diagnose *Krebs!* Der Verlauf der Krankheit führte dazu, dass die Familie wieder neu und intensiv zueinanderfinden konnte. Auf diesem gemeinsamen Weg fand Heilung und Versöhnung statt. Der Weg in den Tod war für alle ein unerwarteter Weg zum Leben.

Wenn man als Pflegekraft in einem Hospiz arbeitet, hört man oft die gleichen Fragen. Meist sind es Angehörige oder Freunde, nicht immer sind es die Sterbenden selbst, die fragen. Es sind immer existenzielle Fragen.

Wenn es ums Sterben geht, gibt es jedoch keine allgemeingültigen Antworten. Weil es auch nicht *das* Sterben gibt. Jeder Mensch stirbt einen anderen, stirbt seinen individuellen Tod.

Ich erinnere mich z.B. an einen älteren Herrn. Wir lernten uns schnell kennen, da wir beide unsere Wurzeln im Ruhrgebiet hatten. Er war sehr direkt, redete nicht lange um eine Sache herum und kam immer schnell zum Eigentlichen. So wunderte ich mich nicht über seine Frage, wie er sich denn das Sterben vorzustellen habe. Was würde denn genau passieren? Würde er noch alles bewusst mitbekommen? Würde er Angst haben? Er hatte so viele Fragen und suchte ernsthaft nach Antworten. Ich kann mich nicht mehr daran erinnern, ob er ein frommer Mann war. Es ist auch nicht wichtig. Als Christ weiß ich, dass genau an diesen Fragen eine spirituelle Begleitung beginnen kann. Es gilt, einen Raum zu schaffen, in dem solche Gespräche möglich sind und solche Fragen gestellt werden können. Und dann ist es wichtig zu erspüren, dass mein Gegenüber auf der Suche nach Hoffnung und Trost ist. Authentizität ist in solchen Momenten gefragt. Der andere muss spüren, dass Antworten auf eigenen Erfahrungen und Überzeugungen beruhen. So erzählte ich ihm von Menschen, die ich in ihrem Sterben begleiten durfte und die noch in der Lage waren, von erstaunlichen Grenzerfahrungen zu erzählen; davon, dass sie von Engeln abgeholt würden, nur noch ein paar Stufen bis zum Ziel zu gehen hatten und den Himmel sehen konnten und deshalb auch ohne Angst waren. Erzählungen, die ihn gespannt zuhören ließen. Er lächelte mich an. Und dann bat ich ihn – falls es so kommen würde, dass ich bei seinem Sterben dabei wäre –, mir von seinem Erleben zu erzählen, mir zu beschreiben, was er in seinem

Sterben sieht. Leider war ich nicht dabei, als er kurze Zeit später starb. Aber er hinterließ mir trotzdem eine Antwort, seine Antwort. Eine Botschaft nur für mich. In unserer Tageszeitung fand ich einige Tage darauf seine Todesanzeige: »In der Stunde meines Todes trat ein Engel des Herrn an mein Bett heran und sagte: Komm, es ist Zeit aufzustehen!« Mir lief es heiß und kalt den Rücken hinunter. Er hatte mich teilhaben lassen an einem großen spirituellen Geheimnis, das höher ist als alles Verstehen. Dankbar habe ich in unserem *Raum der Stille* eine Kerze angezündet. Schön, dass er an mich gedacht hat in seinem Abschied von dieser Welt.

Begleitung im Hospiz mit Zen- bzw. buddhistischer Prägung

Bogdan Snela

Sterbende ins Licht verabschieden – palliativ-spirituelle Begleitung: Was geschieht, wenn ein Mensch stirbt? Unser erster Zen-Lehrer, der Jesuitenpater *Hugo M. Enomiya Lassalle*, einer der Pioniere des Dialogs zwischen Christentum und Buddhismus, hat die Bedeutung der buddhistischen Zen-Erfahrung für den Westen hervorgehoben. Die Frage nach Leben und Tod aus buddhistischer Sicht hat – besonders in ausgereifter Form des Tibetischen Buddhismus – eine wesentliche Bedeutung.

Die phänomenale Welt, in der alles, was beim Sterben passiert: Leiden, Tod, Verwesung, sehr ernst genommen wird. *Buddha – der Erwachte* (circa 563–463 v. Chr.) änderte sein Leben als verwöhnter Prinz im Alter von 29 Jahren, als er zum ersten Mal einen dahinsiechenden Menschen vor den Toren seines Palastes erblickte. Er wandte sich einer tiefen Meditation zu, durch die er im Alter von

35 Jahren eine vollkommene Erleuchtung erreichte. Nach seinem Tod als 80-Jähriger ging er nach Auffassung seiner Anhänger ins Nirwana ein, d.h. ins Verlöschen der phänomenalen Welt, in den endgültigen Ausstieg aus dem Kreislauf der Wiedergeburten. Und damit ist er in die als vollkommene Leerheit verstandene letzte Glückseligkeit des Ursprungs eingetreten.

Die Wesensnatur, Buddha-Natur ist der in der Erleuchtung wahrgenommene Zustand der Leerheit, in der die phänomenale Welt eine neue Dimension erhält. Der sogenannte große Tod (nach *Johannes vom Kreuz* der mystische Tod) macht dem Erleuchteten bewusst, dass er schon »auf dem Meditationskissen gestorben ist« und somit die Angst vor dem Tod überwunden hat. Der phänomenale Tod ist dann nur eine Passage von einer zur anderen Form der Wesensnatur, jenseits von Geburt und Tod. Im sogenannten *Herz-Sutra* wird diese Erfahrung radikal formuliert: »Und so gibt es (in der Leere) weder Alter noch Tod, weder ein Ende von Alter noch Tod. Da gibt es kein Leiden, kein Entstehen von Leiden, kein Vergehen von Leiden.« Aber auch keine personale Gottheit. *Raimon Panikkar* spricht hierzu vom »Schweigen Gottes« oder vom Buddhismus als einer »atheistischen Religion«.

Mitgefühl, abgeleitet vom Sanskritwort *karuna*, ist das Herz des Mahayana-Buddhismus, der seit etwa dem sechsten Jahrhundert nach Christus die zenbuddistische Spiritualität mit dem Ideal des *Bodhisattva* geprägt hat. Bodhisattva ist ein erleuchteter Mensch, der auf die Bedürfnisse der Notleidenden und Hilfesuchenden hin sein ganzes Leben orientiert. Seine Augen sehen diese Not, die Ohren reagieren auf Hilferufe, die Füße führen ihn dorthin, und die Hände strecken sich aus, um die notleidenden Lebewesen aufzufangen und aufzurichten. Das sogenannte Bodhisattva-Gelübde formuliert diese Haltung kurz und bündig: »Zahllos sind die Lebewesen, alle gelobe ich zu retten.«

Palliativ-spirituelle Begleitung

In der *Domicilium-Hospizgemeinschaft* in Weyarn stützen wir uns im Zusammenspiel mit christlich-spirituellen Praktiken auf diese buddhistische Erfahrung.

Palliativ, wie an anderer Stelle bereits ausgeführt, von lateinisch Pallium, Mantel, bedeutet *ummanteln*, unter dem Mantel des Mitgefühls schützen, wie die Bilder der *Mantel-Madonna* es eindrucksvoll darstellen.

Spirituell, abgeleitet von lateinisch spiritus, Geist/geistig, meint ein Zweifaches, nämlich die menschlich-geistige Kompetenz der Begleiter, aber auch die geistige Dimension des totalen Schmerzes (nach der Begründerin der modernen Hospizbewegung *Cicely Saunders*), der sich in der Einheit von Körper-Geist-Seele in schwerer Krankheit und Sterben manifestiert.

Begleitung bedeutet einerseits ganz einfache ärztliche, pflegerische und hospizliche Dienste, anderseits jenes Da-Sein, das sich dem fragenden Mose aus dem brennenden Dornbusch als göttliche Präsenz im Menschlichen manifestiert: Ich-bin-da hebräisch Jahwe (Exodus 3,14). Das schweigende, meditative Da-Sein ist der Kern palliativ-spiritueller Begleitung.

Folgende Praxiselemente gehören dazu:

Meditatives Geist-Training führt zu einer Vorwegname des Sterbens zu Lebzeiten. Aus einer mystischen Todeserfahrung resultiert eine Gelassenheit dem Tod gegenüber. Die psychologisch verständliche Traurigkeit in

Anbetracht des Sterbens mündet oft in eine Heiterkeit, Weisheit und Würde.

Klares Bewusstsein dem eigenen Sterben gegenüber will geschult und praktiziert werden. In der laizistischen Welt, aus der wir selbst und der Sterbende kommen, ist unabhängig von der eigenen Weltanschauung eine meditative Praxis und Erfahrung von großem Wert. Mein Leben und mein Sterben durchmeditieren. Einatmen: ich bin geboren – ausatmen: ich sterbe. So werde ich »frei von Geburt und Tod« (*Hakuin*) Das kann ein religiöser, spiritueller Mensch, aber auch ein Agnostiker bzw. erklärter Atheist tun.

Menschenwürde ist im Umgang mit Sterbenden besonders zu beachten. Die Pflegenden und Begleitenden sind Partner der kranken Gäste. In unserer Hospizgemeinschaft pflegen und erfahren wir das Bewusstsein, dass Geben und Nehmen keine Einbahnstraße ist, sondern eine Wechselbeziehung. Sowohl die christliche als auch die buddhistische Inspiration in Bezug auf Sterben hilft uns, die Einheit zwischen Schwerkranken/Sterbenden und Begleitern zu realisieren und zu praktizieren.

Verwendung von buddhistischen Ritualen, wie Texte, sogenannte Sutren zum Rezitieren, Buddha-Statue, Räucherstäbchen, Meditationsglocke zum Begleiten der schweigenden Meditation ist hilfreich zur Schaffung einer entsprechender Atmosphäre im Krankenzimmer.

Eine *meditative Begleitung,* das einfache Singen der bejahenden Silbe OM, eines Mantras ist Ausdruck der Offenheit für das Sterben und für den Übergang in eine andere Dimension, in den Ursprung zurück. Für kirchlich Distanzierte oder Ungläubige sind solche Sterberituale einer offenen spirituellen Praxis in Anbetracht von Krankheit und Tod empfehlenswert.

Sterbende ins Licht verabschieden: Aufbahren, Rezitationen, Schweigemeditation, persönliche Abschiedsworte, biografische Erinnerungen mit Kerzenstellen um den Sarg sowie andere spontane Abschiedsrituale sind von hoher emotionaler Qualität. Sie fördern eine vertiefte Trauerarbeit und eine Fortsetzung der Trauerbegleitung von Angehörigen und Freunden, z. B. mit der traditionellen Feier des 40. Todestages oder der Jahrestage.

Eingehen ins Licht, Luise Rinsers Wort für Sterben, korrespondiert mit der allgemeingültigen Inschrift auf altrömischen Gräbern *non omnis moriar* – »ich sterbe nicht ganz«.

Den Tag abschließen

Am Abend des Tages
Schließe den Tag ab
Zurückschauend
Versöhnt
Aufgeräumt
Achtsam
Liebend
Und hoffe
Gesegnet aufzuwachen

Begleitung in und durch die Familie

Die Begleitung eines Sterbenden in der Familie ist ein besonderes Geschehen. In diesem Buch finden Sie viele Beispiele für gelungene Begleitung in der Familie. Dabei werden auch die Schwierigkeiten und Belastungen nicht ausgeklammert, gerade dies gehört zu einer gelungenen Begleitung. Es ist notwendig, dass die Begleitenden in der Familie rechtzeitig und frühzeitig erkennen, dass die Begleitung eines sterbenden Menschen die ganze Struktur einer Familie verändern kann. Oft ist es notwendig, den Ablauf in der Familie zugunsten des sterbenden Menschen – so weit wie möglich – zu ändern. Dies geht aber nur dann gut, wenn der Zeitraum beschränkt ist. Aus den Beispielen ersehen Sie, dass sowohl das Sterben selbst als auch der Zeitraum nur sehr schwer planbar ist. Sterben und damit der Sterbeprozess entzieht sich der menschlichen Verfügbarkeit.

Wenn die Begleitung durch die Familie zu Hause erfolgen soll und kann (dies hängt auch von den räumlichen oder beruflichen Voraussetzungen der Familienmitglieder ab), ist es ratsam, sich von Anfang an professionelle Hilfe durch ambulante Hospizhilfe, ambulante Palliativpflege bzw. eines entsprechenden Pflegedienstes zu holen.

SAPV ist die Abkürzung für *Spezialisierte ambulante Palliativpflege*, auf die seit der Gesundheitsreform 2007 ein gesetzlicher Anspruch über die Krankenkassen besteht. Ein Team aus spezialisierten Ärzten, Psychologen, Pflegekräften, Sozialarbeitern begleitet, berät und unterstützt die Hausärzte, den ambulanten Pflegedienst und die Angehörigen, damit auch Schwerstkranke zu Hause gepflegt werden und auch dort sterben können.

Im Unterschied zur Begleitung durch Außenstehende gibt es bei der familiären Pflege bereits eine gemeinsame Lebensgeschichte, in der es neben all den gelungenen Begegnungen und Beziehungen auch Belastendes geben kann. Die gemeinsame Lebensgeschichte gehört zum Leben beider: dem Sterbenden und dem Begleitenden.

Zur Begleitung in der Familie gehört in der Regel das schrittweise Loslassen eines geliebten Menschen. Auch wenn dies immer schwer ist, kann dieser letzte gemeinsame Weg sehr erfüllt und für beide Seiten erleichternd sein. Die Begleitung beinhaltet von beiden Seiten her Abschied, Trauer, Schmerz und Dankbarkeit. Ein Teil der Trauerarbeit findet so schon vor dem Tod statt und macht das eigene Leben – das eigene Weiterleben – klarer und leichter.

Auch wenn die Entscheidung, einen Menschen zu Hause zu begleiten, in einer guten Beziehung leichter fällt, so liegen auch dann, wenn es Schwierigkeiten gab und gibt, im letzten gemeinsamen Weg viele Chancen:

Die Begleitenden und die Sterbenden können von der Lebensgeschichte absehen und sie zurückstellen, vielleicht weil sie keine Chance sehen, sie zu klären. Auch dann ist Begleitung möglich, wenn es gelingt, destruktives Verhalten zu vermeiden (→ Beispiel Seite 199).

Die Begleitenden und die Sterbenden können sich über die eigene Lebensgeschichte noch einmal austauschen und ihre unterschiedlichen Sichtweisen anhören, vielleicht Verständnis füreinander aufbringen und zumindest Schritte der Akzeptanz einleiten.

Die Begleitenden und die Sterbenden können sich die eigene Lebensgeschichte – trotz aller Schwierigkeiten – bewusst unter dem Aspekt der Dankbarkeit anschauen. Auch dies eröffnet neue Möglichkeiten.

Die Begleitenden und Sterbenden können vielleicht nicht mehr miteinander reden, weil dies medizinisch gesehen unmöglich ist. Dann kann die Begleitung ohne Worte – aber auch ohne das Missverständnis, das Worte erzeugen können – zu einer neuen anderen Verständigung führen (→ Beispiel Seite 221).

Die Begleitenden und Sterbenden entdecken, dass jetzt die Zeit – die letzte Zeit und Möglichkeit – zur Versöhnung gekommen ist.

Die Begleitung eines sterbenden Menschen ist die letzte Möglichkeit, miteinander – dies geht auch ohne Worte – das Leben wohlwollend und für beide Seiten positiv abzuschließen.

Dies ist in der Familie für den sterbenden Menschen genauso wichtig wie für den bzw. die begleitenden Menschen. Wer im Sterben die Chance hat, Lebensbilanz zu ziehen, mit anderen noch Unerledigtes zu klären, um Versöhnung zu bitten und sich selbst erklären kann, gewinnt Lebens- und Sterbensqualität.

Erfahrungen: Wenn ich an das Sterben meiner Eltern denke …

Bärbel Trautwein

Meine Mutter verstarb an den Folgen eines Magenkarzinoms. Sie hatte eine operative Teilresektion des Magens, Chemotherapie und Bestrahlung bekommen. Ihre körperliche Schwäche nahm zu, und sie hätte eigentlich Pflegeunterstützung notwendig gehabt, was sie jedoch ablehnte und sich mit aller Kraft relativ lang zu Hause selbst versorgte. Sie schleppte sich auch zu den Untersuchungen und Behandlungen mehr oder weniger hin. Sie ließ sich aufgrund des Blutbildes stationär aufnehmen, um sich Blut übertragen zu lassen. Dabei bekam sie eine sogenannte zerebrale Embolie, an der sie relativ schnell verstarb. Ich wurde nach der Bluttransfusion informiert und besuchte sie umgehend im Krankenhaus, wo ich sie in einem sterilen, schmucklosen Einzelzimmer vorfand und wo sie bei meinem Eintreffen ruhig schlief. Ich war froh, ihr eine Rose auf den Nachttisch stellen zu können, wenigstens etwas Menschliches, etwas Wärmendes in dieser eiskalten Atmosphäre. Die Schwester hatte mir, als ich nach einer Vase fragte, genervt geantwortet: »Was soll das denn, ihre Mutter wird das nicht mehr mitkriegen. Die stirbt doch.«

Zunächst setzte ich mich ruhig neben das Bett und blieb in der Wahrnehmung dessen, was ich von ihr und von mir spürte. War sie noch ansprechbar? Sollte ich sie körperlich berühren, ihre Hand halten? Während ich überlegte, öffnete sie die Augen und erkannte mich. »Gott sei Dank«, dachte ich und lächelte sie an, und wir streckten uns die Hände entgegen. Sie bat mich, bei ihr zu bleiben, was ich ihr versprach, sagte aber, dass ich ab und zu auch mal nach draußen gehen werde, z.B. zur Toilette oder um mir etwas zu trinken zu holen. Damit schien sie einverstanden zu sein, und sie fiel dann scheinbar ins Koma. Jedenfalls war sie nicht mehr ansprechbar. Eine Nachbarin aus dem Haus kam vorbei, um Sachen meiner Mutter vorbeizubringen. Sie sprach ein Weilchen mit mir über die letzten Tage meiner Mutter zu Hause und dass sie sehr eigenwillig und manchmal auch aggressiv auf Hilfsangebote der Hausgemeinschaft reagiert hätte. Sie erzählte aber auch von früher, wie angenehm und schön der nachbarschaftliche Kontakt zu ihr gewesen sei. Dann verabschiedete sie sich still von meiner Mutter, und ich begleitete sie noch zum Ausgang des Krankenhauses. Als ich zurückkam, erzählte mir das Pflegepersonal, dass meine Mutter geschrien hätte, warum und wieso wüsste man nicht. Als man ins Zimmer gekommen sei, sei sie wieder nicht ansprechbar gewesen, und sie sei seitdem auch wieder ruhig. Das war alles. Mit vorwurfsvoller Miene ließ man mich auf dem Flur stehen, und ich ging wieder ins Sterbezimmer zu meiner Mutter. Ich war traurig, war mir doch klar, dass meine Mutter sterben würde, und das Abschiednehmen fing an, schwer zu werden; es tat mir unendlich weh. Ich sah mich um und fand in der Tasche meiner Mutter ihren Kosmetikbeutel und ein paar dicke Socken. Bodylotion, ach ja, das war es! Ich cremte und massierte ihr die Füße genüsslich ein, zog ihr die dicken warmen Socken an und schlug ihr die Füße schön warm in die Decke ein. Irgendwie lag sie ganz friedlich da. Plötzlich richtete sie sich auf, schaute mich strahlend an und sagte ganz klar: »Das war schön«, fiel dann völlig kraftlos und erschöpft in ihr Kissen zurück und war ab da wirklich nicht mehr ansprechbar. Sie wurde auch nicht mehr wach und starb einige Stunden später. So hatte ich mir den Abschied nicht vorgestellt. Ich war überrascht von dem Moment ihrer Klarheit, ihrem Aufbäumen und ihrer Präsenz, in der wir uns beide – so glaube ich – noch nie so nahe waren wie in diesem Moment. Wir waren eins – wir hatten uns gegenseitig angenommen. Angenommen und akzeptiert auf einer anderen Ebene. Ich bin dankbar, dass auch dieser kurze Augenblick, dieser Moment ohne Zeit- und Raumempfinden, zu unserer manchmal recht schwierigen Beziehung gehört.

Mein Vater starb zu Hause an den Folgen einer vaskulären Demenz nach einem Schlaganfall. Er war bereits bettlägerig, als ich eines Vormittags nach der Morgentoilette und dem kleinen Frühstück, das er noch zu sich nehmen konnte, an seinem Bett verweilte. Ich habe einfach seine Hand gestreichelt und ihm alles gesagt, was mir wichtig war und noch von Bedeutung ist. Ich konnte ihm auch danken, aber auch da war wieder dieser unendliche Abschiedsschmerz. Es hat wehgetan, sehr weh. Sein tiefes Durchatmen und die Impulse in den Fingern und seiner Hand habe ich als eine Antwort von ihm gedeutet, verbunden mit der Hoffnung, dass es auch für ihn jetzt zwischen uns beiden gut ist. Für mich war diese Zeit etwas ganz Besonderes und Kostbares. Er hat dann noch ein paar Wochen gelebt und ist letztendlich im Kreise seiner Familie zu Hause gestorben. In der *Schleusenzeit* bis zu seiner Beerdigung hatte jeder Zeit für sich und die eigene Trauer, aber auch für die Gemeinschaft der Familie. Sie gestaltete den Abschied gemeinsam, vom Heraustragen aus dem Haus, in dem er geboren wurde, dem Aussegnen in der Friedhofskapelle, der Beerdigung und die Zeit danach.

Der folgende Erfahrungsbericht beschreibt, wie stationäre und ambulante Palliativarbeit ineinandergreifen, damit auch schwerstkranke Menschen zu Hause sterben können. Zudem wird die sinnvolle Unterstützung der Familie durch die Begleitung eines ehrenamtlichen Hospizhelfers deutlich.

Bericht über eine Begleitung im häuslichen Umfeld

Werner Rossbach

Kennenlernen

Im Oktober 1994 fragte mich unsere Koordinatorin, Schwester Doris, ob ich wieder eine Begleitung übernehmen könne. Ich sagte zu, da meine vorhergehende Begleitung einige Wochen zurücklag und ich einen ausreichenden Abstand dazu gewonnen hatte.

Herr W., etwa 70 Jahre alt, hatte einen fortgeschrittenen Krebs im Lungen- und Rippenfellbereich; er war wegen starker Schmerzen, Wasser in den Beinen und Atemnot im Vinzenz-Pallotti-Hospital behandelt worden und seit einigen Tagen zu Hause. Die Schmerzen waren dank der Palliativmedizin einigermaßen erträglich geworden, die Atem-Beschwerden machten ihm aber weiterhin sehr zu schaffen. Die ärztliche Versorgung erfolgte über die langjährige Hausärztin, eine liebevolle und der Schmerztherapie gegenüber aufgeschlossene Frau, die trotz großer Entfernung bei Bedarf immer zur Verfügung stand. Pflegerisch waren keine besonderen Anforderungen zu erfüllen.

Seine krankheitsbedingten Stimmungsschwankungen bedrückten Herrn W. und seine Frau sehr. Schwester Doris hatte die beiden einige Male besucht und gefragt, ob nicht eine Begleitung durch eine Helferin oder einen Helfer aus dem Hospizbetreuungsdienst hilfreich und entlastend sein könnte. Die beiden hatten vorsichtiges Interesse, aber auch Unsicherheit gezeigt; schließlich wussten sie ja nicht, wie so eine Begleitung aussehen und wer da ins Haus kommen würde.

Wir vereinbarten einen ersten Besuchstermin, und Anfang November fuhren Schwester Doris und ich zu meinem neuen Patienten. Ich hatte etwas Herzklopfen, weil ich zum ersten Mal den Patienten nicht schon im Krankenhaus kennengelernt hatte. Aber da mit Schwester Doris wenigstens ein vertrauter Mensch dabei war, ging es leichter als gedacht. Natürlich sprachen wir über sein Befinden und seine Beschwerden: die Schmerzen und die Atemnot. Er benutzte ein Sauerstoffgerät, das er wie einen kleinen Hund an der Leine ständig hinter sich herzog und das ihn in seiner Beweglichkeit einschränkte.

Wir erzählten uns aus unserm Leben, und wir entdeckten einige gemeinsame Interessen, wie Reisen und handwerkliches Arbeiten. Schon bei unserer ersten Begegnung war klar, dass Herr W. immer sehr deutlich ausdrückte, was er wollte, aber auch, was er nicht wollte! Es ging ihm bei diesem ersten Besuch relativ gut, und er meinte, er sei zurzeit gar nicht auf eine Begleitung angewiesen; aber vielleicht würde es seiner Frau ja ganz guttun, wenn ich kommen würde; er wolle auch gleich sagen, dass er zum Schwätzen eigentlich wenig Lust habe und es ihm nichts ausmache, nur schweigend dabeizusitzen; aber es sei schon schön, wenn immer jemand da sei. Mir gefiel seine direkte und aufrichtige Art. Seine Frau war mit meinem Kommen ebenfalls einverstanden, und so vereinbarten wir für die nächste Zeit zunächst einmal wöchentlich einen Besuch.

Die Begleitung

Bei meinem nächsten Besuch überraschte mich Herr W., indem er mich mit meinem Vornamen anredete; ihm war aufgefallen, dass wir den gleichen Vornamen hatten, und das nutzte er, um einander näher zu kommen. Später erzählte mir seine Frau, dass diese schnelle Öffnung mir gegenüber etwas Besonderes war und bereits deutlich machte, dass er mich mochte. Ich erfuhr einiges über seine traurige Krankheitsgeschichte: Er war nur wenige Jahre im Ruhestand, als die Krankheit ausbrach; dabei hatte er sich sehr auf sein neues Haus und die Reisen gefreut, die er mit seiner Frau unternehmen wollte. Er konnte gut über seine Krankheit, ihre vermutliche Ursache und auch über das absehbare Ende seines Lebens reden. Er tat es eher nüchtern. Wenn ihn jedoch die Schmerzen plagten oder er sich müde und schlapp fühlte, war er oft traurig und deprimiert. Es gab aber auch ausgesprochen fröhliche Situationen. Eines Tages erklang im Radio eine Tangomelodie, und Herr W. erzählte, dass er früher gern und gut getanzt habe. Dabei leuchteten seine Augen, und ein verschmitztes Lächeln lag in seinem Gesicht. Er tanzte ein paar Tangoschritte, wobei er das kleine »Sauerstoff-Hündchen« hinter sich herzog und fast gestolpert wäre. Wir haben alle trotz der im Grunde traurigen Geschichte laut gelacht.

Im Verlauf der weiteren Besuche wurden wir uns immer mehr vertraut und gingen bald zum Du über, auch mit seiner Frau. Wir konnten darüber sprechen, wie die Sorge um den geliebten Menschen, aber auch die tägliche Belastung durch die Pflege an den Nerven zehrte. Es gab trotz aller Liebe zwischen den beiden auch mal ein hartes Wort, auch Verletzungen blieben nicht aus. Seiner Frau tat es offensichtlich gut, diese Problematik ansprechen zu können und zu erfahren, dass dies oft so ist und sie deshalb kein schlechtes Gewissen zu haben brauchte. W. war ein eigenwilliger Mann, der genaue Vorstellungen hatte und der seinen Kopf immer durchzusetzen versuchte. Am liebsten machte er alles selbst. Es fiel ihm sehr schwer zu akzeptieren, dass er das nicht mehr konnte. Für die Umgebung war das nicht immer einfach. Eine Situation ist mir noch gut in Erinnerung: W. mochte nicht längere Zeit sitzen oder liegen, was mit seiner Atemnot zusammenhing. Deshalb mochte er auch das Baden in der Wanne nicht besonders. Ich riet daher zu einem Klappsitz in der Dusche. W. und seine Frau fanden den Vorschlag gut, und so besorgte ich den Klappsitz und brachte ihn bei einem meiner nächsten Besuche mit. Noch während ich mit W.s Frau ein wenig plauderte, verschwand W. Das geschah manchmal, aber diesmal kam er nicht wieder! Wir fanden ihn schließlich im Bad, mit ausgepacktem Klappsitz, die Montageanleitung lesend. Wir sahen ihm an, wie sehr er litt. So machten wir es gemeinsam, wobei sich die Einstellung der Sitzhöhe als sehr problematisch erwies: Sein Augenmaß und das Sitzgefühl wollten so gar nicht zusammenpassen! Seine Frau hatte dann die rettende Idee, das Sitzgefühl an der Kante, der Badewanne auszurichten; die Situation war gerettet, und alle waren zufrieden.

W.s Befinden hatte sich inzwischen verschlechtert. Seit einiger Zeit war ein spezielles Krankenbett im Wohnzimmer aufgestellt worden, in das er sich schnell legen konnte, wenn ihm danach war. Meist jedoch stand er, weil ihm dies vom Atmen her am besten bekam. Sein Konzentrationsvermögen ließ nach, oft brauchte er lang, um sich auf etwas zu besinnen, und dann freute er sich, wenn es ihm wieder einfiel.

Ein Ereignis werde ich nie vergessen. Während eines Besuchs am Sonntagvormittag – zusammen mit meiner Frau – bat er ganz plötzlich um Ruhe. Im Radio erklang ganz leise ein Chor. »Das haben wir gesungen! Mit unserem Werkschor!« Und dann versuchte er mit seiner dünn gewordenen Stimme noch einmal die Tenorstimme nachzusingen, brach aber gleich wieder resigniert ab. Ich hatte plötzlich einen dicken Kloß im Hals und Tränen in den Augen und konnte mich selbst nur retten, indem ich W. in den Arm nahm.

Etwa zwei Wochen vor Weihnachten – ich war gerade dabei, die Koffer für eine Reise zu meiner Mutter zu packen – rief W.s Frau früh um 8 Uhr an und bat mich zu kommen. Ich fuhr hin. W.s Zustand hatte sich dramatisch verschlechtert, er war nur noch schlecht ansprechbar. Beide hatten mehr als 24 Stunden nicht richtig geschlafen; W. legte sich nicht mehr hin, weil er Erstickungsängste hatte, sodass er nur zwischen Stehen und Liegen pendelte. Es sah so aus, dass es bald zu Ende sein würde. Die Ärztin hätte W. ins Krankenhaus einweisen können, aber seine Frau wollte ihn gern zu Hause betreuen, wie er es auch gewollt hatte und wie es medizinisch auch durchaus sinnvoll war. Ich rief Doris an und bat sie zu prüfen, ob wir zusammen mit Nachbarn und weiteren Helferinnen für einige Tage einen Dienst rund um die Uhr organisieren könnten. Ich selbst musste an dem Tag wie geplant zu meiner ebenfalls kranken Mutter, stand aber für die übernächste Nacht wieder zur Verfügung. Und das zunächst sehr schwierig Erscheinende gelang. Doris selbst sagte für diesen und den nächsten Tag für mehrere Stunden am Tag zu, die kommende Nacht übernahm eine Nachbarin, und auch für die Folgetage gab es Helfer. Das Bemühen und die Erfahrung, in dieser kritischen Situation eine von mehreren Menschen getragene Lösung zu finden, hat uns alle sehr stark verbunden.

Der letzte Besuch

Am nächsten Tag war W.s Befinden unverändert. Auch seine Frau hatte so gut wie nicht geschlafen! Ich übernahm gegen zwei Uhr die Nachtwache und löste damit die Nachbarin ab. Die Verständigung war sehr schwierig. W. reagierte nur noch selten auf Zuspruch oder Fragen. Schließlich fand ich heraus, dass er uns doch verstand und über Händedruck auch antworten konnte. Seine Frau war sehr aufgeregt und versuchte, durch unterschiedliche Vorschläge seine Lage zu verbessern. Er blieb aber nur apathisch sitzen, im wahrsten Sinne des Wortes todmüde.

Schließlich konnte ich seine Frau überreden, sich ein wenig hinzulegen. Wir hatten W. in einen Lehnstuhl an den Tisch gesetzt und mit Kissen so abgepolstert, dass er aufrecht sitzen blieb. So saß ich einfach bei ihm und hielt seine Hand. Mir fiel ein Lied aus Taizé ein, das ich leise summte. Plötzlich sagte er ganz deutlich: »Ich kann nicht mehr.« Er stand auf, ging zuerst zu einem Sessel, dann zum Bett, wobei ich ihn stützte. Er legte sich ohne Mühe hin und machte noch zwei tiefe Atemzüge, dann war er gestorben.

Ich holte seine Frau, die sehr gefasst war. Wir sprachen zusammen ein Gebet und blieben erst einmal eine Weile schweigend sitzen. Später riefen wir die Ärztin und Doris an. Wir wuschen W. und zogen ihn frisch an. Seine Frau bat mich, die Nacht über dazubleiben. Sie war verständlicherweise sehr aufgewühlt. Am meisten betrübte sie im ersten Augenblick, dass sie nun doch nicht dabei war, als W. starb. Vielleicht musste es so sein; schon mancher Sterbende hat gewartet, bis seine Liebsten aus dem Raum waren, bevor er sterben konnte.

Ich fragte sie, ob sie nicht eine Weile mit W. allein sein wolle, um sich von ihm zu verabschieden. Sie lehnte zunächst ab, weil ihr die Situation zu unvertraut war. So blieben wir gemeinsam am Bett sitzen. Sie hat in dieser Nacht viel von sich, ihrer Ehe, ihrer früheren Arbeit, den schönen Reisen mit W., dem gemeinsamen Leidensweg, von ihren gemeinsamen guten und schlechten Zeiten erzählt. Ich war meist nur der Zuhörer oder auch Fragende, wenn sie sich mit einem Problem besonders quälte.

Als ich gegen Morgen mal draußen war und wieder zurückkam, saß sie bei W. und redete mit ihm. Ich zog mich schnell wieder zurück. So hatte sie doch den Weg gefunden, sich noch von ihm zu verabschieden.

War es der letzte Besuch? Sicher der letzte am Kranken- und Sterbebett von W., bestimmt nicht der letzte Besuch bei E., seiner Frau. Wir haben weiter Kontakt miteinander. Zum Jahreswechsel schrieb sie mir und Doris sehr liebe Briefe, in denen sie sich noch einmal für die Hilfe bedankte, die wir ihr geben konnten. Wir werden sie sicher noch ein Stück ihres Weges begleiten.

Auferstehung

Manchmal stehen wir auf
Stehen wir zur Auferstehung auf
Mitten am Tage
Mit unserem lebendigen Haar
Mit unserer atmenden Haut.

Nur das Gewohnte ist um uns.
Keine Fata Morgana von Palmen
Mit weidenden Löwen
Und sanften Wölfen.

Die Weckuhren hören nicht auf zu ticken
Ihre Leuchtzeiger löschen nicht aus.

Und dennoch leicht
Und dennoch unverwundbar
Geordnet in geheimnisvolle Ordnung.
Vorweggenommen in ein Haus aus Licht.

Marie Luise Kaschnitz

Besondere Begleitungssituationen

Demenz – das Krankheitsbild

Bärbel Trautwein

Demenz ist eine Ansammlung vieler Symptome, die durch unterschiedliche, das Gehirn betreffende Erkrankungen auftreten können. Sie kommen bei Alzheimer-Krankheit, Gefäßerkrankungen des Gehirns und anderen Zustandsbildern vor, die primär oder sekundär das Gehirn betreffen. Nach der *International Classification of Diseases* (ICD) ist eine Demenz (ICD-10-Code F00-F03) ein Syndrom als Folge einer meist chronischen oder fortschreitenden Krankheit des Gehirns mit Störung vieler höherer Funktionen, einschließlich Gedächtnis, Denken, Orientierung, Auffassung, Rechnen, Lernfähigkeit, Sprache, Sprechen und Urteilsvermögen im Sinne der Fähigkeit zur Entscheidung. Das Bewusstsein ist nicht getrübt. In der Regel sind diese Hirnleistungsstörungen Ergebnis chronisch-degenerativer Prozesse im Gehirn. Diese Formen der Demenz sind irreversibel, also unheilbar. 80 bis 90% aller Patienten mit demenziellen Symptomen leiden an einer entsprechenden Erkrankung.

Es gibt vier verschiedene Formen von chronisch degenerativen demenziellen Erkrankungen, wovon Alzheimer die häufigste und bekannteste Demenzform ist. *De mens* heißt wörtlich übersetzt *ohne Geist*. Nach und nach sein eigenes Leben zu vergessen, ist das Schicksal von gegenwärtig über einer Millionen Menschen in Deutschland. Der Prozess verläuft schleichend. Oft vergehen Jahre, bis die Diagnose gestellt wird. Demenzen zeichnen sich zunächst durch kognitive Störungen aus, die das Gedächtnis, das Orientierungs- und Denkvermögen, die Sprache sowie das zielgerichtete und zweckmäßige Handeln betreffen. Darüber hinaus kann es zu psychischen Störungen bzw. Verhaltensstörungen kommen. Dazu gehören u.a. Aggressivität, Unruhe, Misstrauen, Angst, Wahnvorstellungen, Halluzinationen, Apathie und nachlassende Eigeninitiative sowie Schlaflosigkeit oder gestörter Schlaf-Wach-Rhythmus. Schließlich kann der Abbau der Nervenzellen auch Körperfunktionen beeinträchtigen und zu Harninkontinenz, Gewichtsverlust, neurologischen Störungen und Muskelversteifungen führen. Immer mehr Hirnzellen sterben ab und werden nicht mehr reproduziert. Im frühen Stadium einer Demenz vergisst das Gedächtnis statt einzelner Details komplette Ereignisse oder Abläufe. Nicht nur das Erinnerungsvermögen geht verloren, sondern auch die ganz normalen alltäglichen Tätigkeiten können nicht mehr selbstständig ausgeführt werden. Im mittleren Stadium einer Demenz wird die Teilnahme an sozialen Aktivitäten mühsam. Langsam geht jeglicher Kontakt zur Gegenwart und die Fähigkeiten verloren, sich an Dinge, an Situationen und Personen zu erinnern. Im Laufe der Zeit verschwindet dann vollständig die Fähigkeit zu sprechen und Sprache zu verstehen. Die Persönlichkeit verändert sich, es treten vermehrt Phasen von Niedergeschlagenheit, Angst, Misstrauen, Kummer, Lustlosigkeit und Ruhelosigkeit auf.

Viele Betroffene merken, dass irgendetwas mit ihnen nicht mehr stimmt. Sie kommen mit ihrer Umwelt nicht mehr zurecht und wissen sehr wohl, dass sie auf die Hilfe anderer angewiesen sind. Das macht sie niedergeschlagen und traurig, ohne dass sie etwas an ihrem Zustand ändern können. Es kommt zu innerer Unruhe, zu Rastlosigkeit, zum Herumwandern und damit verbunden zu Störungen des Wach-Schlaf-Rhythmus. Im späten Stadium ist der Gedächtnisverlust erheblich. Die Fähigkeit zu laufen geht verloren. Außerdem kann es zu Schluckstörungen, Inkontinenz und erhöhter Sturzgefahr kommen. Die Betroffenen benötigen Hilfe bei allen Aktivitäten des täglichen Lebens. Die Sinne (Sinnesorgane und Wahrnehmung) funktionieren jedoch, und daher sind die Betroffenen weiter in der Lage, Gefühle, wie zum Beispiel Schmerzen, wahrzunehmen und nonverbal zu kommunizieren. Am Ende ist der Betroffene völlig geschwächt und stirbt, nicht an der Demenz, aber an ihren Folgen.

Die Stadien und Übergänge sind fließend. Ein Betroffener kann unter Umständen auch im Tagesverlauf zwischen einzelnen Stadien hin und her wechseln. Oft ist es gar nicht möglich, jemanden pauschal einem Stadium zuzuordnen. Eine 90-Jährige kann um sieben Uhr morgens voll orientiert sein und sich bestens zurechtfinden, um halb neun Uhr glaubt sie dagegen, ein Mann habe sich unter ihrem Bett versteckt, und um halb drei nachmittags will sie dringend zu ihren kleinen Kindern nach Hause gehen. Oder sie glaubt, die Eltern seien noch am Leben. Manche spüren die Angst vor dem überstrengen Vater, die Liebe zu der zärtlich besorgten Mutter. Menschen, die vor langer Zeit wichtig waren, tauchen wieder auf. Gerade war die 85-Jährige noch besorgte Mutter ihrer kleinen Kinder, gleich darauf ist sie in ihre eigene Kindheit zurückgekehrt und wechselt dann plötzlich wieder zurück in die Gegenwart. Sich wiederholende Bewegungen: Auf der Station geht ein Hobbygärtner langsam über den Gang, den Blick zu Boden gerichtet. Immer wieder bückt er sich, inspiziert den Boden zu seinen Füßen und zupft mit der rechten Hand etwas aus dem Boden – er jätet Unkraut.

Eine alte Dame wischt mit einer ständig gleich bleibenden Bewegung immer wieder über die Oberfläche des Tisches, eine andere streichelt mit großer Ausdauer ihre eigene Hand. Ein Mensch, der sich so wechselhaft und unbegreiflich verhält, vereinsamt besonders leicht. Sein Verhalten wird für andere immer unverständlicher und schwieriger, der Kontakt mit ihm wird zu einer Herausforderung.

(Beispiele aus: Marina Kojer)

Es ist für Angehörige oft schwer zu ertragen, wenn der Demenzerkrankte sie nicht mehr erkennt, wenn sich die gesamte Persönlichkeit eines Menschen verändert. Es ist kränkend, wenn der nahestehende Mensch auf die alltägliche Hilfe und Unterstützung mit Aggressivität reagiert. Die Kranken machen dabei einen gedanklichen Zeitsprung, befinden sich auf einer anderen Ebene und in einer anderen Wahrnehmungswelt. Wenn sie merken, dass sie in der Gegenwart nicht mehr zurechtkommen, begeben sie sich in eine Zeit, in der sie noch zurechtgekommen sind, und sie leben die Szenen aktuell in der Gegenwart nach. Beispielsweise verhält sich eine 80-jährige Frau wie ein Mädchen, das immer wieder nach seiner Mutter fragt. Die alte Dame damit zu konfrontieren, dass ihre Mutter seit Jahren tot ist, würde sie intellektuell nicht verstehen. Ihre Verzweiflung würde stattdessen größer werden, weil sie sich nicht ernst genommen fühlt. Deshalb sollten Demenzerkrankte nicht mit ihren Defiziten konfrontiert werden. »Menschen mit Demenz können wir nicht verändern. Was wir verändern können, ist unsere Wahrnehmung von und damit auch unsere Haltung zu ihnen« (*Carlos Castaneda*).

Hier setzt Validation an. Validation ist eine Kommunikations- und Umgangsform, die durch Sprache, Berührungen und durch gezielt eingesetzte Techniken den Zugang und Umgang mit desorientierten Menschen stressfreier und liebevoller erleben lässt. Dieses Modell arbeitet mit den noch vorhandenen Ressourcen und nimmt den Menschen in seinen Antrieben und Gefühlen ernst. Diese wertschätzende Kommunikation greift den emotionalen Gehalt einer Aussage und des Verhaltens auf und validiert dies im Anschluss, das heißt, es erklärt das dahinterstehende Gefühl für gültig und erkennt es an, ohne zu bewerten, zu analysieren oder zu korrigieren. Für den Betroffenen bringt die Validation Wiederherstellung des Selbstwertgefühles, Stressreduktion, Verbesserung der verbalen und nonverbalen Kommunikation, Stabilisierung des Gehvermögens, körperliches Wohlbefinden, Spüren der Ich-Identität, häufigere Augenkontakte, wacheres Hier-Sein, Auffangen von Gefühlsausbrüchen. Jede Kommunikation geschieht über die Sprache (verbal), über die Körpersprache (nonverbal) und über die Betonung (paraverbal). Während die verbale Kommunikationsfähigkeit im Verlauf der Demenzerkrankung großen Veränderungen und Einbußen unterliegt, gehen nonverbale und paraverbale Ausdrucksmöglichkeiten nicht verloren. Sie werden im Gegenteil stärker und authentischer und können als neue Ressourcen des Demenzerkrankten verstanden werden.

Des Weiteren sind sowohl körperliche als auch psychische Bedürfnisse (z. B. Identität, Beschäftigung, Einbeziehung) in Verbindung mit Autonomie und Mitbestimmung zu berücksichtigen. Körperkontakt ist die leibliche Begegnung von Menschen. In der Pflege kommt es zu zahlreichen Körperkontakten durch Unterstützung beim Waschen, Bewegen oder Anziehen oder auch durch Gesten, wie tröstendes Umarmen, Streicheln der Hände oder Halten des Kopfes. Berührung ist eine spezifische Bezeichnung von Körperkontakt. In der Pflege von Menschen mit einer Demenz können Berührungen dazu beitragen, eine vertrauensvolle Atmosphäre zu schaffen und beruhigend auf die Patienten einzuwirken.

Jede äußerliche Berührung berührt auch das Innere eines Menschen.

Die Diagnose der nicht heilbaren Demenz-Erkrankung wird von den Betroffenen und ihren Angehörigen häufig als schwere Lebenskrise erfahren. Bei Erkrankten und Angehörigen stellen sich Fragen nach der Zukunft, nach Veränderungen in der Beziehung, aber auch nach dem Lebenssinn und dem Verlust wichtiger Bestandteile der eigenen Identität. Hier beginnt der lange Abschied. Seelsorge ist ein Bemühen um die Seele des Menschen und seine Beziehung zu Gott. Seelsorgerliches Handeln ist nicht an ein kirchliches Amt gebunden. Menschen mit Demenz benötigen Seelsorger, die sich auf ihre Gefühlswelt einlassen, sie zu verstehen versuchen und Zugänge in ihre Welt suchen. Eine religiöse Haltung und Praktiken können darüber hinaus wichtige Orientierungen im Leben bedeuten. Gebete, Lieder und rituelle Handlungen sind oft in der Kindheit erlernt, sehr vertraut und in der Gemeinschaft gut abrufbar.

Religiöse Bedürfnisse zu kennen und sie zu erfüllen kann in der Begleitung sehr hilfreich sein.

Der religiöse Hintergrund in der Biografie sollte erfragt und geachtet werden.

Musik kann ein Schlüssel zum ganzen Menschen sein.

Wenn bei fortgeschrittener Demenz eine sprachliche Verständigung nur noch sehr eingeschränkt möglich ist, gilt es, die Betroffenen auf der Gefühlsebene zu erreichen und ihre Stimmung durch menschliche Zuwendung, Beruhigung und ein freundlich gestaltetes Umfeld zu verbessern. Menschen mit Demenz brauchen Wertschätzung als Sinneserfahrung. Klänge, Bilder, Bewegungen und andere kreative und sinnliche Ausdrucksformen schaffen Verbindungen, wo Worte allein nicht reichen. Sie brauchen Achtsamkeit. Achtsamkeit ist auch die Voraussetzung für die Begleitenden, damit sie sich und ihre Resonanz spüren. Resonanz ist eine Chance, Menschen zu erreichen, die sonst nicht erreicht werden können. Menschen mit Demenz sind auf Resonanz angewiesen. Und Achtsamkeit braucht Innehalten, Momente des Beiseitetretens aus dem Stress und Momente des Spürens.

Alle Menschen wollen aufarbeiten, was in ihrem Leben offen geblieben ist, ehe sie dann in Ruhe und Frieden mit sich selbst und den gelebten Jahrzehnten sterben können. Auch zeitverwirrte Menschen versuchen, Fragen zu klären, die für sie ungelöst geblieben sind; Wunden zu heilen, die sich in den Tiefen der Seele verborgen nicht schließen konnten; Emotionen zu bearbeiten, die jahrzehntelang unterdrückt wurden. Sie tun es auf ihre Weise, aber sie brauchen unseren Respekt, unsere Anerkennung und unsere Zuwendung, damit es ihnen gelingt. Wahrscheinlich erfasst auch der sterbende Mensch mit Demenz seine Situation intuitiv. Dieses kann einhergehen mit Angst, die sich in aggressivem Verhalten, in Unruhe, erhöhter Muskelspannung und vermehrter Kontaktkontrolle durch ständiges Rufen und Schreien zeigt. Bei abnehmender Kompetenz ist er extrem abhängig von seinem sozialen Umfeld. Häufig erkennt der Betroffene jedoch noch einzelne Personen wieder, sodass Bezugspersonen seine Kompetenz unterstützen können. Eine andere Hilfe ist Musik. Musik ist in ihrer Aussagekraft ein sehr eindeutiges Medium. Menschen mit Demenz erfassen den Sinn von Musik und singen oder summen häufig mit. Musik schafft einen biografischen Bezug, löst Wohlbefinden aus und kann gut in die Sterbebegleitung einbezogen werden. Selbst im Endstadium der Demenz können wir z. B. an der Atmung, der Mimik und dem Muskeltonus erkennen, welche Angebote von

Berührung, Geräuschen und Gerüchen dem Sterbenden angenehm sind. Bis zum Tod kann der Mensch Berührungen spüren. Berührung in der Pflege hat einen stark kommunikativen Charakter. Berührung drückt Nähe, Geborgenheit, Sicherheit und Vertrauen aus. Der Mensch mit Demenz ist nicht fähig, seine Biografie aufzuarbeiten und eine Bewertung seines Lebens vorzunehmen, was wir häufig als wichtiges Bedürfnis Sterbender beobachten können. Das bedeutet ebenfalls, dass er sein Schuld-Erleben und die versäumten Augenblicke nicht aufarbeiten kann. Aber jede Aktion oder Reaktion Sterbender hat Ursachen, Bedeutungen und Gültigkeit. Trotz zunehmender Demenz bleibt ein Persönlichkeitskern vorhanden. Ein immer wieder zu beobachtendes Phänomen ist die geistige Klarheit Dementer kurz vor dem Tod. Sie können häufig die Zeremonie religiöser Praxis erfassen, da hier mit Gebeten, Ritualen und Symbolen gearbeitet wird (vgl. *Erich Grond*).

Wenn ich einmal dement werde …
… soll mein Leben einfach und überschaubar sein.
Es soll so sein, dass ich jeden Tag das Gleiche mache, jeden Tag zur gleichen Zeit.

Wenn ich einmal dement werde …
… kannst du ruhig mit mir sprechen, damit ich keine Angst bekomme und nicht das Gefühl entsteht, dass du böse mit mir bist. Du sollst mir immer erklären, was du tust.

Wenn ich einmal dement werde …
… kann ich vielleicht nicht mehr mit Messer und Gabel essen, aber bestimmt sehr gut mit den Fingern.

Wenn ich einmal dement werde …
… und dann bestimmt Panik bekomme, weil ich an zwei Dinge gleichzeitig denken soll, bin ich meistens leicht zu beruhigen; nicht mit Worten, sondern indem du ganz ruhig neben mir sitzt und meine Hand ganz fest hältst.

Wenn ich einmal dement werde …
… habe ich das Gefühl, dass andere mich schwer verstehen, und genauso schwer ist es für mich, andere zu verstehen. Mach deine Stimme ganz leise und sieh mich an, dann verstehe ich dich am besten! Mach nur wenig Worte und bilde ganz einfache Sätze.

Wenn ich einmal dement werde …
… sieh mich an und berühre mich, bevor du mit mir sprichst! Vergiss nicht, dass ich oft vergesse.

Wenn ich einmal dement werde …
… möchte ich Musik von damals hören, doch ich habe vergessen, welche. Erinnere du dich, und lass sie uns zusammen hören. Ich mag gern singen, jedoch nicht allein.

Wenn ich einmal dement werde …
… denke daran, dass ich nicht alles verstehe, jedoch mehr als du manchmal denkst.

Wenn ich einmal dement werde …
… dann erinnere du dich an unsere gemeinsame Liebe, und denke an unser gemeinsames Leben, denn das Herz wird nicht dement!

Unbekannter Verfasser

Beginnende Demenz

Erfahrung in der Begleitung als ehrenamtlicher Hospizhelfer

Heinz Stobe

Zwischen meiner ersten Sterbebegleitung und dieser lagen drei Monate Pause.

Herr M. war 82 Jahre alt, hatte ein Harnblasenkarzinom und eine beginnende Demenz. Seit der schweren Erkrankung seines ältesten Sohnes sprach er nur noch sehr wenig, meistens nur Ja oder Nein.

Bei der Vorstellung durch meine Koordinatorin war er von Frauen umgeben, und allen war klar, dass ihm eine Begleitung durch einen Mann guttun würde. Herr M. liebte Spaziergänge, und so gingen wir bei meinem ersten Besuch eine halbe Stunde spazieren. Danach setzten wir uns an den Küchentisch und betrachteten Fotos aus einem Schuhkarton. Herr M. war früher ein fröhlicher Mensch gewesen. Viele Fotos waren auf Feiern aufgenommen. Er konnte die Bilder aber nicht kommentieren, und wenn ich nachfragte, suchte er nach Worten und wurde wütend, weil er keine fand. Verzweiflung und Ärger stiegen in ihm auf. Ich versuchte dann, ihn abzulenken und kommentierte die Fotos aus meiner Sicht. Herr M. wurde schnell müde, und wir gingen zu seinem Sessel, auf dem er dann einschlief.

Frau M. berichtete bei meinem nächsten Besuch, dass ihm der Spaziergang gutgetan hätte und dass er abends viel konzentrierter gewesen sei.

Da Herr M. sich mündlich nicht mehr ausdrücken konnte, wusste ich oft nicht, wie es ihm ging. Wenn er aber auf einem Spaziergang meinen Arm, mit dem ich ihn wegen seines unsicheren Ganges stützte, etwas fester drückte und mich freundlich anlächelte, dann wusste ich, es ging ihm gut.

An einem Besuchstag im Februar war es für einen Spaziergang zu kalt, und wir sahen wieder einmal Fotos an. Die Haushaltshilfe gesellte sich zu uns und erzählte, dass Herr M. Sprichwörter ergänzen könne. Das mussten wir sofort ausprobieren: »Viele Köche verderben ...«, Herr M.: » ... den Brei.« Wir übten weitere Sprichwörter. Dann bat ich ihn, ein Sprichwort zu beginnen. Er rang nach Worten, und ich sah, wie Zorn und Ärger in ihm aufstiegen. Schnell begann ich: »Aller Anfang ...« Herr M: » ... ist schwer.« Ich freute mich, lobte ihn, und er lächelte.

Herrn M.s Gang wurde immer unsicherer, und er war in der Wohnung gestürzt. Bei den Spaziergängen benutzten wir nun einen Rollator.

Es war Frühling geworden. In den Gärten blühten Blumen. Wir blieben stehen und erfreuten uns an ihnen. In einem Vorgarten stand ein abgestorbener Strauch. Die armstarken Äste waren von der Rinde befreit, und Kletterpflanzen wanden sich darum. Während wir dieses Bild betrachteten, kam die Hauseigentümerin hinzu, und wir unterhielten uns über die Würde sterbender oder toter Bäume. Später entschuldige ich mich bei Herrn M. wegen der Unterbrechung des Spazierganges. Er lächelte und machte mir damit klar, dass auch ihm das Gespräch mit der Frau gefallen hatte.

Frau M. fiel die Versorgung ihres Mannes, trotz Haushaltshilfe, immer schwerer, da auch sie nicht gesund war. Die Familie beschloss, eine 24-Stunden-Kraft einzustellen.

Herr M. war in der Nacht wieder gestürzt. Seine Kopfverletzung musste im Krankenhaus genäht werden. Wir konnten nicht spazieren gehen, und ich las ihm einen Artikel aus der Zeitung vor. Dann erzählte ich etwas von mir, und wir übten wieder Sprichwörter.

Bei meinem nächsten Besuch konnte Herr M. noch schlechter gehen, und wir nahmen einen Rollstuhl. Unterwegs ließ ich ihn aussteigen. Er benutzte den Rollstuhl als Rollator, und ich stützte seinen Arm. So schaffte er etwa 200 Meter. Dann war er müde, und ich schob ihn zu einem Kinderspielplatz. Wir schauten den Kindern beim Fußballspielen zu, saßen nebeneinander und er lächelte freundlich.

Die 24-Stunden-Kraft verwöhnte Herrn M. Sie päppelte ihn wieder auf, was ihm sichtbar guttat. Aber Frau M. ging es zusehends schlechter, und so pflegte die Frau auch sie. Damit war sie restlos überfordert, weil sie nachts kaum noch Schlaf fand. Sie sagte mir, dass sie nach Ablauf ihrer drei Monate nicht wiederkommen würde, auch weil ihr Vertrag nur die Pflege einer Person vorsehen würde. Ihre Firma sehe da aber keinen Handlungsbedarf.

Bei meinen Besuchen machten wir weiterhin Spaziergänge. Der Gang von Herrn M. wurde immer unsicherer, die Gefahr eines Sturzes stieg. Trotzdem ging er immer ein paar Schritte hinter dem Rollstuhl, und ich stütze ihn, denn ich sah, dass ihm das selbstständige Gehen große Freude bereitete.

Dann bekam ich einen Anruf von seiner Tochter. Es ginge ihm plötzlich sehr schlecht, und er müsse ins Krankenhaus. Eine Woche später wurde er wieder entlassen. Die Familie hatte ein Pflegebett organisiert, das im Wohnzimmer aufgestellt worden war. Die Tochter sagte meine Besuche ab, weil ihr Vater nun nicht mehr aufstehen könne. Ich vereinbarte dennoch einen Termin, denn ich wollte mich noch von ihm verabschieden. Kurz vor dem Termin kam der Anruf, dass er im Kreise seiner Familie gestorben sei. Zwei Wochen später war die Urnenbeisetzung. Ein Trauerredner ließ sein Leben noch einmal Revue passieren. Wir hörten seine Lieblingsmusik und beteten ein Vaterunser.

Sterbebegleitung, bei der keine Sterbebegleitung möglich war

Es gibt ein Sterben, bei dem keine Sterbebegleitung möglich ist. Dies gilt besonders für einen plötzlichen Tod (Herzinfarkt, Hirnschlag), für tödliche Unfälle, für Suizid, Tötungen und Mord. In meinem Gemeindepfarramt habe ich all diese Situation erlebt und war anfangs sehr hilflos. Damals habe ich die Trauerfeier noch nicht als einen Ort und eine Möglichkeit der Sterbebegleitung angesehen und erlebt. Ich hatte es (nur) gelernt und erfahren, dass es notwendig ist, die Angehörigen mit ihrer Trauer in den Blick zu nehmen. Ich ging davon aus, dass ich für den Verstorbenen sowieso nichts mehr tun konnte.

Aber mit der Zeit stellte sich mir die Frage, wieweit der Verstorbene mit seinem Tod wirklich (schon) ganz gegangen ist und ob wir mit Gebeten, Segen und anderen Ritualen nicht noch Sterbebegleitung *danach* leisten könnten.

Aus dem interreligiösen und ökumenischen Dialog – mit Christen aus Afrika und Asien – wurde mir bewusst, dass andere Traditionen dem Verstorbenen nach dem medizinischen Tod viel mehr Zeit lassen, sich zu verabschieden, d.h., dass diese Traditionen davon ausgehen, dass es eine wie auch immer geartete Präsenz des Toten noch nach dem Tod gibt.

Auch aufgrund meiner Erfahrung halte ich dies für möglich, ohne dass ich dafür mehr als persönliche Überzeugung anführen kann. Ich wurde mehrmals von Angehörigen eingeladen, um mit der Partnerin eines Verstorbenen zu reden, die behauptete, dass der Verstorbene noch im Zimmer sei bzw. zu spüren sei.

Die Angehörigen gingen dabei meist von zwei Vorstellungen aus: Entweder war die Partnerin (es waren tatsächlich immer Frauen) nach ihrer Einschätzung leicht verrückt geworden, oder sie wollte den Abschied nicht zur Kenntnis nehmen. Mit der Zeit wurde mir klar, dass oft tatsächlich jemand seinen Partner nicht freigeben kann und ihn am liebsten festhalten wollte.

Meistens half in dieser Situation ein Segen und ein kleines Abschiedsritual in den Räumen, die der Verstorben noch *belebte*.

Diese Erfahrung war mir dann auch eine Hilfe für die Situationen, in denen Sterbebegleitung (→ Seite 217ff.) nicht möglich war. Ich erlebte es als hilfreich – auch wenn es manchem intellektuell befremdlich erscheint –, wenn sich die Trauernden bei der Trauerfeier auch in den wichtigen Privaträumen des Verstorbenen, z. B. im Kinderzimmer oder im Arbeitszimmer oder im Wohnzimmer, bewusst mit einem Ritual vom Verstorbenen verabschieden konnten.

Dabei kann zu einem Bild des Verstorbenen ein Kerzenritual erfolgen und eine Kerze für den Verstorbenen angezündet werden. Die Angehörigen können ihre Kerzen dazustellen. Wenn dies in der Trauerfeier geschieht, braucht es Zeit und Geduld, damit jeder seinen eigenen Raum und seine eigene Zeit zum Abschied hat. Wichtig ist, dass diese Kerzen nur für diese eine Situation brennen und später nicht für etwas anderes verwendet werden. Es geht hierbei um den Respekt vor dem Verstorbenen und den Angehörigen.

Auch die Aussegnung eines Menschen nach seinem Tod, wie wir es in der christlichen Tradition kennen, ist ein Stück Wegbegleitung für den Verstorbenen. Dieser Segen ist nur dann sinnvoll, wenn er sich bewusst an den Verstorbenen wendet. Ich habe es mir zur Gewohnheit gemacht, diesen Segen mit dem Namen des Verstorbenen zu verbinden und ihn noch einmal direkt anzusprechen. Zuletzt vertraue ich den Verstorbenen der Geborgenheit Gottes an.

(Name),
ich vertraue dein Sterben und deinen Tod
Gott an.
Wir verabschieden dich
aus unserem Leben
und bewahren dich
in unserem Herzen.
Du bist aufgehoben
in der ewigen Gegenwart Gottes
in seiner Geborgenheit
die über den Tod hinausgeht.
(Name),
Gott segne
deinen Ausgang aus dieser Welt
Gott segne
deinen Eingang in die Wirklichkeit Gottes.
Amen.

Darüber hinaus ist es bei einem plötzlichen Tod wichtig, daran zu denken, dass alle Trauer und die Trauerzeit erst nach dem Tod stattfinden können. Dies erscheint uns mit Abstand bedacht logisch zu sein. In der konkreten Situation aber muss die ganze Unfassbarkeit des Sterbens und alle Belastungen, die durch diese Situation entstehen, mit in die Trauer hineingenommen werden. Wenn keine Sterbebegleitung stattfinden konnte, sollte die Trauerbegleitung unverzichtbar sein. Wie *Kristiane Voll* (→ Seite 209) beschreibt, werden dann die Angehörigen nach dem Tod den Phasen des Sterbens in gewandelter Form als *Traueraufgaben* begegnen.

Imagination – nach einer nicht möglichen Sterbebegleitung

Manchmal belastet einen Menschen der Umstand, dass es nicht möglich war, den Verstorbenen zu begleiten, über viele Jahre. Das nachfolgende Beispiel zeigt, dass die Arbeit mit der *Aktiven Imagination* bei einem nicht möglichen oder einem schwierigen Abschied hilfreich sein kann. Die Voraussetzung für diesen *nachgeholten Abschied* ist allerdings die Kompetenz des Begleitenden auf diesem Weg. Dabei wird der Abschied im Heute vollzogen, und der Mensch holt den Abschied im Heute nach.

Imagination des Abschiedes

Werner Schenning

Seit 2008 arbeite ich mit inneren Bildern. Ich bin von dieser Arbeitsmethode sehr überzeugt. Ich bin 1952 geboren, meine Eltern verstarben sehr früh, mein Vater 1954, meine Mutter 1963. Meine Eltern haben das 60. Lebensjahr nicht erreicht.

Ich kann mich noch gut an den Todestag meiner Mutter erinnern. Ich war damals 11 Jahre alt. Sie lag in der Bonner Universitätsklinik. Verwandte von mir haben mich am 02.08.1963 mit in die Klinik genommen, um von Mutter Abschied nehmen zu können. Wir warteten gemeinsam in einem großen Flur vor dem Krankenzimmer, meine Mutter lag auf einer Art Intensivstation. Nach einer gewissen Wartedauer konnten wir gemeinsam das Krankenzimmer meiner Mutter betreten. Ich sah zunächst nur Apparate und Schläuche. Dazwischen, am anderen Ende des sehr großen Krankenzimmers, sah ich meine Mutter mit einem Schlauch, der in ihren Hals eingeführt war. Ich bekam Panik und flüchtete aus dem Krankenzimmer. Nun wartete ich allein in dem großen Flur, bis meine Verwandten wieder aus dem Zimmer kamen. Ich war sehr einsam und konnte nicht Abschied nehmen. Dieses Geschehen war ein Trauma für mich.

Imagination 2012

Ich bin in der Bonner Universitätsklinik, Mutter stirbt.

Ich bin auf besagtem großem Flur, helfende Menschen, d. h. innere Begleiter aus früheren Imaginationen begleiten mich.

Es war wie damals, aber ich war nicht allein und nicht einsam.

Wir überlegen gemeinsam (innere Begleiter und ich), was wir machen sollen, und entschließen uns, gemeinsam in das Krankenzimmer zu gehen und Mutter zu besuchen.

Überall Apparate, es sieht aus wie auf einer Intensivstation.

Ich gehe zu Mutters Bett auf die rechte Seite, nehme ihre Hand, die sich kalt anfühlt.

Ein Schlauch ist im Hals, sie kann nicht sprechen.
Ich küsse sie auf die Wange, meine inneren Begleiter kommen dazu.
Einer dieser Begleiter gibt ihr die Krankensalbung und segnet uns alle.
Was passiert jetzt? Stirbt Mutter heute und jetzt? Wie kann ich damit umgehen?
Wir verlassen das Krankenzimmer und beraten uns.
Ein innerer Begleiter sagt: Mutter stirbt heute Nacht nicht.
Ich gehe wieder in das Zimmer hinein, verabschiede mich von Mutter und allen Anwesenden.
Ich verabschiede mich von meinen inneren Begleitern.

Diese Imagination gab mir die Möglichkeit, nach fast 50 Jahren Abschied von meiner Mutter zu nehmen. Es war ein außerordentliches und sehr emotionales Erlebnis, wofür ich sehr dankbar bin. So konnte ich etwas *Verpasstes* nachholen und für diesen Bereich meinen inneren Frieden finden.

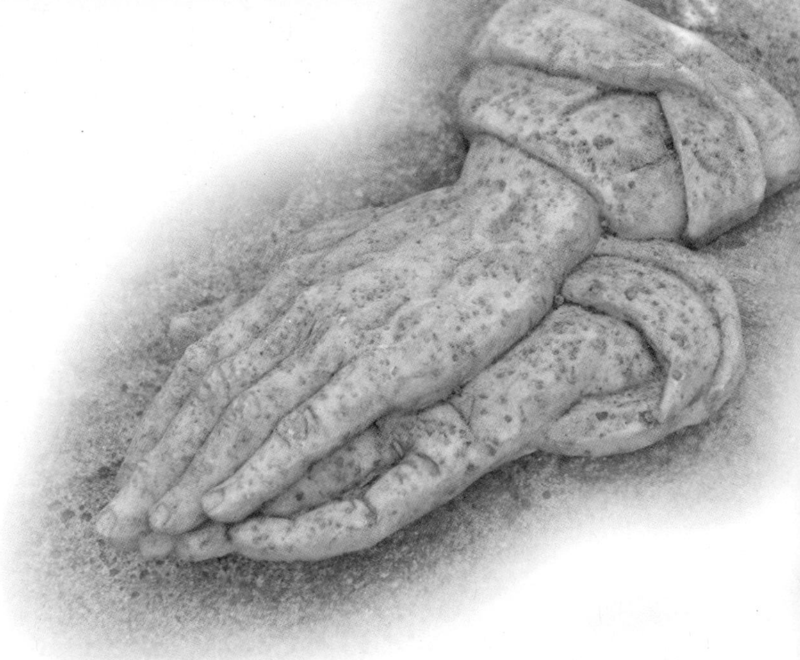

Sterbebegleitung, Beerdigung und Trauerbegleitung

Sterbe- und Trauerbegleitung

Kristiane Voll

Sterbe- und Trauerbegleitung sind nicht isoliert voneinander zu betrachten. Sie sind wie zwei Seiten einer Medaille. Beiden ist eigen, dass es aus und mit unterschiedlicher Blickrichtung darum geht, zu lernen, einen Verlust zu bewältigen. Dabei wollen beide Hilfe zum Leben sein, nicht nur die Trauer-, sondern auch und vor allem die Sterbebegleitung.

Elisabeth Kübler-Ross, die 1969 erstmals ein Modell von Sterbe-Phasen entwickelte, stieß damit zeitversetzt zahlreiche Untersuchungen zu dem an, was und wie sich Trauernde erleben. Analog wurden Modelle zu Trauerphasen erarbeitet. Heute spricht man aber kaum mehr von »Trauerphasen«; Aufgabenmodelle haben sich durchgesetzt. Das ist vor allem durch das Einbeziehen von Erfahrungen Betroffener geschehen.

Die Vorteile eines Aufgabenmodells gegenüber einem Phasenmodell sind:

Das Phasenmodell birgt die Gefahr in sich, festzuschreiben. Tendenziell erscheinen in ihnen die Betroffenen eher als die Passiven denn als die Aktiven. Dass man selbst gestaltend eingreifen kann oder auch soll, wird bei diesen Modellen kaum deutlich.

Demgegenüber betonen Aufgabenmodelle das aktive Moment und unterstützen die aktiven Möglichkeiten Betroffener. Ein Trauernder oder auch Sterbender ist eben nicht nur *Opfer*, sondern ebenso Gestaltender seines Lebensweges und kann den Prozess, das Voran- oder auch Ausschreiten seines Weges selbst maßgeblich mitbestimmen.

Wer Sterbenden und Trauernden begegnet und sich selbst »nur« in Phasenmodellen zu Hause sieht, der wird ihnen in einer anderen Haltung gegenübertreten als der, der von einem Aufgabenmodell kommt. Letzterer wird gemeinsam mit Trauernden oder Sterbenden dessen Kompetenzen und Ressourcen zu entdecken suchen, um sie in ihren Handlungsmöglichkeiten bestmöglich zu unterstützen.

Kerstin Lammer entwickelte ein Aufgabenmodell von sechs Schritten für die Trauerbegleitung:

T = Tod begreifen helfen (Realisation)
R = Reaktionen Raum geben (Initiation)
A = Anerkennung des Verlusts äußern (Validation)
U = Übergänge unterstützen (Progression)
E = Erinnern und Erzählen ermutigen (Rekonstruktion)
R = Risiken und Ressourcen einschätzen (Evaluation)

Zu T: Dies ist der erste Schritt, der – durchaus wieder und wieder – gegangen sein will, um einen Verlust zu bewältigen. Vielen hilft es, mit diesem Schritt am Totenbett zu beginnen, um im wahrsten Sinne des Wortes zu be-greifen.

Zu R: Wichtig für den Trauerprozess ist es, Möglichkeiten in Raum und Zeit dafür zu geben, dass Empfindungen jeglicher Art ohne Be- oder Verurteilung möglich, erlaubt und erlebt sein dürfen. Für die Haltung der Begleitenden ist dabei wichtig, »Trauerreaktionen zu fördern, nicht fordern!«

Zu A: In der Begleitung Trauernder ist nicht nur die Würdigung des Verstorbenen bedeutsam, sondern ebenso die Würdigung des Verlustes: Er will wahrgenommen und anerkannt sein – gerade auch da, wo ein Verlust sozial kaum oder gar nicht wahrgenommen wird (z.B. wenn der Exmann viele Jahre nach der Trennung stirbt).

Zu U: Bei diesem Schritt können sowohl alt geprägte Rituale (Abschied am Totenbett, eine Kerze anzünden) helfen, wie das mittelfristige Da-Sein und Anteilnehmen an den vielen Dingen, bei denen es darum geht, sie zum ersten Mal ohne den Verstorbenen zu erleben: Weihnachten, Geburtstag etc.

Zu E: Biographiearbeit ist *Sinn-Arbeit*; sie hilft gerade auch durch das wiederholende Erzählen von Geschichten, Erlebtes Schritt für Schritt verstehen und integrieren zu lernen und damit sich in das veränderte Leben einzufinden.

Zu R: Trauernde haben, auch wenn sie angeschlagene und verletzte Menschen sind, Ressourcen, die ihnen helfen, einen Verlust zu bewältigen. Nicht selten fallen aber auch Risiken (z.B. eine Häufung von Verlusterlebnissen) auf, die gegebenenfalls einer professionellen Begleitung bedürfen.

Das Aufgabenmodell zur Trauerbegleitung bietet Orientierung, Menschen in Abschiedsprozessen und auf dem Weg durch ihre Trauer zu begleiten. Dabei sind Trauerwege weder gerade noch eindimensional. Sie betreffen sowohl den, der trauert, als auch den, der begleitet, und bewegen immer den ganzen Menschen. Auch wenn es landläufig noch so gesehen wird: Sterben und Trauer sind nicht ausschließlich Gefühl bzw. Ausdruck von Gefühlen; beide schließen Tun und Möglichkeiten zum Handeln ein; beide sind ein Prozess und öffnen uns nicht zuletzt (für) Erfahrungen ins Transzendente; sie sind Türöffner für Spiritualität. Das Wunderbare dabei ist, dass dies Betroffene wie Begleitende erleben können.

Bei der Sterbe- und Trauerbegleitung geht es nicht darum, einen bestimmten Weg vorzugeben, vielmehr geht es um ein Geleit in einer konkreten, individuellen Situation. Dabei ist es für Begleitende hilfreich zu wissen, dass Trauernde wie Sterbende auf ihrem Weg jeweils Ähnliches erleben.

behutsam
schiebt sich
hoffnung
durch krusten
verwundeter
tage

genesung
immer nur
ahnend

Burga Gripekoven

Sterbebegleitung und Beerdigung

Nach dem Sterben und dem Tod folgt die Beerdigung. Doch an wen wendet sich die Beerdigung? Bereits im Kapitel »Sterbebegleitung, bei der keine Sterbebegleitung möglich war« habe ich beschrieben, dass die Beerdigungen sich einerseits an die Angehörigen wenden, ohne dabei jedoch die Verstorbenen aus dem Blick zu verlieren. Dies geht weit über die Würdigung der Verstorbenen durch ihren Lebenslauf hinaus. Der Verstorbene will in den Tagen nach dem Tod verabschiedet werden, und das heißt auf seinem Weg aus dieser Wirklichkeit in die Wirklichkeit Gottes begleitet werden, die hinter allem Leben steht. Dies geschieht besonders in der Trauerfeier, die den endgültigen Abschied hier im Leben bewusst machen will, aber auch Hoffnung stiftet über den Tod hinaus. Damit geschieht eine Ermutigung der Hinterbliebenen, sie können ihr Leben nach dem Abschied gestalten.

War der Seelsorger in die Sterbebegleitung einbezogen, sollte es selbstverständlich sein, dass er auch die Trauerfeier mit den Angehörigen gestaltet und vollzieht.

Eine Trauerfeier wird umso persönlicher, je mehr die Angehörigen und ihr Freundeskreis sich authentisch einbringen. Dies sollte – dies ist meine persönliche Erfahrung – nur in kurzen Beiträgen geschehen. Manchmal kann dies ein Lieblingsgedicht sein, eine persönliche Erinnerung, ein Gebet oder ein gesprochener Liedvers. Dabei ist es wichtig und gut darauf zu achten, dass die nahen Angehörigen mit einem Beitrag nicht überfordert werden. Es ist vollkommen in Ordnung und normal, bei den persönlichen Worten Tränen zu vergießen. Es ist aber für alle schwierig, wenn ein Angehöriger ganz die Fassung verliert. In solchen Fällen ist der Seelsorger gefordert. Er sollte solche eventuelle Situationen bei der Vorbereitung der Trauerfeier ansprechen und versichern, dass er damit umgehen kann und in diesen Situationen handlungsfähig ist.

Der Seelsorger wird so eine Stütze der Hinterbliebenen, die sich darauf verlassen, dass er die Trauerfeier meistern wird. Trauerfeiern vertragen keine Pannen. Unsere Empfindsamkeit und Verletzlichkeit ist in dieser Zeit sehr hoch, auch wenn uns dies selbst nicht bewusst ist oder wir es nach außen nicht zeigen wollen oder können.

Natürlich gibt es auch humorvolle, dankbare, ja sogar

fröhliche Trauerfeiern. Dies ergibt sich aus dem Leben und Sterben des Verstorbenen und seiner Einstellung zum Tod und nicht zuletzt aus dem Kontakt der Angehörigen zu den Seelsorgern. Leider ist in vielen Fällen der Verstorbene den Seelsorgern unbekannt und diese wiederum auch den Angehörigen. Dies ist eine unglückliche, in unserer Zeit aber fast normale Situation. Ich konnte immer da intensiv eine Wegstrecke den Abschied begleiten, wo ich den Angehörigen vertraut war. Noch angemessener waren die Beerdigungen, bei denen ich die Verstorbenen gut kannte. Dies erfordert von mir als Seelsorger eine gute Balance von Nähe und Distanz. Auf der einen Seite gilt es, durch die Trauerfeier zu führen, auf der anderen Seite gibt es auch eigene Emotionen und den eigenen Abschied. Bei solchen Beerdigungen ergab sich des Öfteren die Situation, dass dem Verstorbenen noch etwas mitgegeben werden konnte, was ihm wichtig war oder aber für die Angehörigen jetzt wichtig ist.

So habe ich es erlebt, dass ein Sarg mit Früchten und Gemüsen aus dem Garten des Toten geschmückt wurde, statt mit Blumen, wie man es gewohnt ist. Verstorbenen Kindern wurden von den Klassenkameraden selbstgemalte Bilder oder Schmusetiere in den Sarg gelegt. All dies eröffnet Möglichkeiten, der Trauer Raum zu geben, und bringt gleichzeitig dem Verstorbenen Wertschätzung, Liebe und Respekt entgegen.

Letztlich sollte eine Trauerfeier bzw. eine Beerdigung die Fortführung der Sterbebegleitung sein. Leider erlebe ich häufig, dass dies trotz mancher Veränderungen viel zu selten der Fall ist.

Gleichzeitig ist die Trauerfeier der Ort, bei dem die christliche Tradition über den Tod hinausweist. In Worten und Handlungen gilt es hier zu verdeutlichen, dass die grundsätzliche Begleitung durch Gott über alle menschliche Begleitung hinausgeht und im Tod keine Grenze findet. Mir persönlich liegt es am Herzen, deutlich zu machen, dass der verstorbene Mensch mit seiner ganzen Lebensgeschichte und mit seinen Beziehungen über den Tod hinaus bei Gott geborgen ist.

Ich gehöre zu den Menschen, die sich über das, was nach dem Tod ist, keine konkreten Gedanken machen. Ich weiß und vertraue allerdings darauf, dass ich im Leben und Sterben und über den Tod hinaus, niemals aus der Gegenwart Gottes herausfallen kann.

»Siehe ich bin bei dir – zu jeder Zeit, in jedem Augenblick – über das Ende dieser Existenz hinaus« (*nach Matthäus* 28,20). Nicht nur mit diesem Wort, sondern auch im Segen versichere ich den Angehörigen, dass Gott sie über alle menschliche Begleitung hinaus im Leben und Sterben, in der Trauer und in der Dankbarkeit begleitet.

Sonderfälle der Begleitung und Anregungen

Begleitung im Frühherbst

Gundula Rossbach

Wir lernten Frau E. Anfang Juli im Hospiz kennen. Sie war 38 Jahre alt, hatte einen Gehirntumor und war *austherapiert*. Auf der Palliativstation wurde sie wegen ihrer Schmerzen und der Nebenwirkungen der übrigen Medikamente behandelt. Bald wurde deutlich, dass sie nicht mehr nach Hause gehen konnte, und sie wurde Hospizpatientin. Sie freundete sich im Wohnzimmer des Hospizes mit anderen Patienten an, nahm regen Anteil an ihren Schicksalen und war von deren Tod sehr betroffen.

In dieser Zeit bekam sie regelmäßig Besuch von einer

Ehrenamtlichen. Sie erzählte sehr viel von ihrer Familie und von ihrem Leben als Erzieherin. Aus Spaß, auch weil sie Namen nicht mehr gut behalten konnte, nannte sie die Ehrenamtliche *meine Seelsorgerin.* Überraschenderweise verbesserte sich ihr Zustand deutlich, und so kam die Frage im Team auf: Wie geht es weiter? Kann sie den Schritt nach Hause wagen? Und wie kann sie zu Hause versorgt werden? Der Ehemann war berufstätig, und deshalb probierte man vorsichtig: Zuerst ging sie tagsüber für einen Tag nach Hause, dann ein ganzes Wochenende. Als es klar wurde, dass es mit viel Hilfe zu Hause möglich sein könnte, wurde weiter überlegt: Wer kann helfen? Denn sie konnte nicht allein bleiben. Die Familie sprang ein: Mutter, Schwester, Tante, Schwiegereltern. Mit der Hilfe von mehreren Ehrenamtlichen – die zwei ganze Tage übernahmen –, konnte ein Plan erstellt werden, der die ganze Woche abdeckte. Und so konnte sie Ende August nach Hause entlassen werden.

Ein großer Wunsch von ihr war, noch einmal nach Köln fahren zu können. Und so fuhr sie im Rollstuhl und in Begleitung der Ehrenamtlichen, da sie kaum noch laufen konnte, mit der S-Bahn nach Köln. Man sah ihr die große Freude an der Bahnfahrt und dem Essen im Kaufhof, das sie an gesunde Zeiten erinnerte, an ihren Augen an. Hinterher waren alle erschöpft und glücklich, es geschafft zu haben. Das Essen war überhaupt ihre große Freude. Die Ehrenamtlichen kochten ihr etwas zum Mittagessen, kamen mit Kochtöpfen und Zutaten bei ihr an – und besonders wenn es ihre Lieblingsspeise gab: Fritten mit Hähnchenschenkeln, konnte sie es kaum erwarten, dass das Essen fertig war. In dem Jahr herrschte im Frühherbst strahlendes Wetter, und daher wollte sie in ihrem Rollstuhl immer rausgefahren werden. Manchmal schoben die Ehrenamtlichen sie mehrmals am Tag im Rollstuhl an den blühenden Vorgärten in ihrer Umgebung vorbei, und sie konnte sich dabei an der Blumenpracht nicht sattsehen. Sie hatte viel Freude an jedem Flugzeug, das sie sah und hörte, denn es erinnerte sie an einen wunderbaren Urlaub mit ihrem Mann. Der Weg führte immer an einem Friedhof vorbei. Eines Tages sagte sie: »Einmal möchte ich über den Friedhof gehen, aber nicht heute.« Sie war sehr klar in ihren Wünschen, und immer wieder war es nicht der *richtige* Tag. Aber irgendwann war es dann so weit, und sie ging ganz mit sich im Reinen über den Friedhof und sagte auch, dass sie hier vielleicht mal liegen werde, aber noch nicht so schnell, denn sie könnte auch noch achtzig werden. Auch das Rauchen war ihr eine große Freude. Die Kreativität, die sie entwickelte, um an Zigaretten zu kommen, war beeindruckend. Wenn es ihr gesundheitlich möglich war, war sie montags im Tageshospiz, um mit anderen Teilnehmern dort den Tag in der Gemeinschaft zu verbringen und um die Familienangehörigen zu entlasten. Es wurde gegessen und erzählt und gelacht und mit der Musiktherapeutin gesungen. Sie brachte der Gruppe das Kinderlied: »Die Fröschelein, die Fröschelein …« bei, das heute noch gesungen wird. Und natürlich wird dabei immer an Frau E. gedacht. Sie war uns Ehrenamtlichen gegenüber sehr dankbar und brachte dies auch zum Ausdruck.

Nach etwa zehn Wochen nahmen die Kopfschmerzen wieder zu. An einem Nachmittag war es sehr schlimm, und die Ehrenamtliche rief in Absprache mit dem anwesenden Ehemann die Palliativstation an. Der Transport in das Vinzenz-Pallotti-Hospital wurde organisiert. Dort lag sie noch zehn Tage, in denen sie schmerzfrei gehalten wurde – aber sie erkannte nur noch wenige, und es ging auf das Ende zu. Jedenfalls hatte sie noch – mit viel Hilfe – drei farbenreiche, frühherbstliche Monate zu Hause verbringen können.

Meine erste Sterbebegleitung – Erfahrungsbericht

Heinz Stobe

Ich bin 68 Jahre alt und wohne in Erkrath. Von Beruf bin ich Techniker. Nach meiner Frühpensionierung stellte sich mir die Frage nach dem Sinn des Lebens. Im März 2006 nahm ich an »ökumenischen Exerzitien im Alltag« zum Thema «Begegnung Leben« teil. Danach entschloss ich mich zur Teilnahme am Grund- und Aufbauseminar: »Begleitung von schwerkranken und sterbenden Menschen« beim Franziskus-Hospiz-Hochdahl.

Nach den Seminaren konnte ich mir aber noch nicht vorstellen, eine Sterbebegleitung zu übernehmen, und ich begleitete erst einmal trauernde Männer. Im Oktober 2010 war ich dann bereit für meine erste Sterbebegleitung.

Meine Koordinatorin vom Hospiz schlug mir vor, Herrn H. zu begleiten. Herr H. war 85 Jahre alt, hatte Darmkrebs und war nach einer Chemotherapie wieder zu Hause. Beim Vorstellungsgespräch lernten wir uns kennen und konnten nun entscheiden, ob wir uns sympathisch fanden und uns eine Fortsetzung der Besuche vorstellen könnten. Eine Ablehnung wäre auch ohne Angabe von Gründen möglich gewesen. Ursprünglich war auf Wunsch von Herrn H. ein weiterer Begleiter vorgesehen, der aber nach dem zweiten Gesprächstermin ablehnte. Herr H. hatte ihm von seiner NS-Vergangenheit erzählt. Das machte dem anderen Begleiter eine Fortsetzung der Besuche unmöglich, da er unter dem NS-Regime sehr gelitten hatte.

Ich besuchte Herrn H. einmal in der Woche für etwa zwei Stunden. Er erzählte aus seinem Leben und machte Pläne für die Zukunft. Er sagte, dass seine Medikamente der Heilung dienen und dass er hoffe, im Frühjahr wieder mit seinem Auto fahren zu können. Ich unterstützte ihn in dem Glauben an seine Genesung, aber wir sprachen auch über seine Krankheit und über die Heilungschancen.

Herr H. liebte Autos und erzählte, dass er als Jugendlicher mit dem Auto seines Vaters fahren durfte und von allen Freunden darum beneidet wurde. Als er mit 17 Jahren zum Militär musste, meldete er sich zu den Kraftfahrern und machte verschiedene Führerscheine. Er wurde dann als Ordonanz eingesetzt, war Fahrer des Hauptmanns und war in der SS. Später wurde er dann von seinem Hauptmann außerplanmäßig zum Offizier befördert. Ich hörte mir seine Erzählungen an, war mir aber bewusst, dass es seine Erinnerung war und ich diese nicht zu bewerten, zu korrigieren oder anzuzweifeln hatte.

Herrn H. ging es bald wieder besser, und wir konnten in der Wohnung herumgehen. So bereiteten wir häufig gemeinsam das Kaffeetrinken vor, saßen dann wieder am Tisch, und er erzählte aus seiner Kindheit und Jugendzeit. Er erinnerte sich, wie schwer er auf dem Gutshof seines Stiefvaters arbeiten musste, während seine Geschwister höhere Schulen besuchen durften. Er fühlt sich deswegen benachteiligt und um seine Jugend betrogen. Wir sprachen über die Erfolge in seinem Leben und dass die harte Schule seiner Jugend dazu beigetragen habe, diese Erfolge zu erringen. Dem stimmte er zu und sagte, dass er mehr aus seinem Leben gemacht habe als seine Geschwister.

Manchmal wenn ich ihn besuchte, kamen auch seine Enkelkinder dazu. Dann verstummten unsere vertrauten Gespräche, und erst wenn sie wieder gegangen waren, fanden wir zu unserem alten Thema zurück. So erzählt er mir, dass er von seiner Frau getrennt lebe, weil sie ihn hintergangen habe. Sie versuchte einen Unfall herbeizuführen, um ihn zu verletzen. Aber er habe ihr verziehen, und damit sei alles erledigt.

Seine Tochter, die ihn nach Feierabend und am Wochenende aufopferungsvoll pflegte und versorgte, bat mich, ihn zu fragen, was er unter Verzeihen verstehe; ob dazu nicht auch Versöhnung gehöre. Beim nächsten Besuch sprach ich ihn darauf an. Aber seine Ansicht stand fest. Er sagte, wenn seine Frau ihn um Verzeihung bitten würde und wieder zu ihm ziehen wollte, würde er das ablehnen und ihr sagen: Er habe einmal Nein gesagt und dabei bleibe es.

Ein weiterer Wunsch seiner Tochter war, dass ich mit ihm bete. Zuerst wusste ich nicht, wie ich das anstellen könnte. Aber dann bekam ich zufällig das aramäische Vaterunser in die Hand. Wir lasen es gemeinsam und sprachen darüber. Er erzählte, dass ihm der christliche Glauben sehr wichtig sei und dass es in seinem Dorf Tradition gewesen sei, jeden Sonntag zur Kirche zu gehen, auch wenn sein Sonntag nur von 10:00 bis 14:00 Uhr dauerte. Denn davor und danach musste er arbeiten und beispielsweise das Vieh versorgen.

Herr H. erwähnte auch seine spirituellen Erfahrungen. So habe er, als er den Gutshof verließ, weil er zum Militär musste, die Stimme seiner Großmutter gehört, die ihm sagte: »Du wirst am Leben bleiben, aber nicht wieder hierher zurückkehren.« Diese Prophezeiung sei auch eingetreten. Der Gutshof wurde total zerstört und auch nicht mehr aufgebaut.

Die Stimme seiner Großmutter sei ihm auch später oft ein guter und zuverlässiger Ratgeber gewesen. Ich sagte ihm, dann sei seine Großmutter für ihn wie ein Engel gewesen, der ihn beschützt und geleitet habe, und er könne stolz darauf sein.

Später sprach ich mit seiner Tochter darüber. Sie sagte, seine Großmutter sei gestorben, als er zwei Jahre alt war, und da könne er sich wohl kaum an sie erinnern. Aber ich glaube, auch Verwandte, die wir nur vom Hörensagen kennen, können wichtige Ratgeber für uns sein.

Nun besuchte ich Herrn H. schon vier Monate lang, und es ging ihm wieder so gut, dass wir gemeinsam einkaufen gehen oder er schon auf der Straße auf mich warten konnte. Dann hatte er bereits den Kuchen für unseren gemeinsamen Kaffee eingekauft.

Er sprach davon, dass es ihm nach seiner letzten Chemotherapie sehr schlecht gehe und er mit dem Leben schon abgeschlossen habe. Viel erzählte er aus seinem Berufsleben, zeigte mir stolz Urkunden und Preise für besondere Leistungen. Seine beruflichen Erfolge seien ihm so zugefallen, ohne große Anstrengung. Wir freuten uns miteinander, dass ihn das Leben so sehr begünstigt hatte.

Nach einigen Wochen bekam er jedoch Rückenschmerzen, und das Gehen fiel ihm schwer. Seine Schmerzmedikamente mussten angepasst werden, und der Arzt verordnete Bestrahlungen. Sein Kommentar dazu war: «Na, wenn es denn hilft.« Die Bestrahlungen machten ihn müde, und er lag die meiste Zeit im Bett. Er sagte, die Abstände zwischen den Bestrahlungen würden immer kürzer werden, und sein Arzt habe angekündigt, dass die nächste Chemotherapie erforderlich sei. Er wisse aber nicht, ob er dieser enormen Belastung zustimmen werde. An diesem Tag sprachen wir über Glaubensfragen, über das Sterben und auch über die Begleitung im Hospiz. Er sagte, erst wenn er sich zu Hause nicht mehr versorgen könne würde er ins Hospiz gehen.

Herr H. erholte sich wieder, und wir konnten auch wieder kurze Spaziergänge machen. Er musste dabei einen Rollator benutzen. Aber schon bald verschlechterte sich sein Gesundheitszustand erneut, und wir blieben in seiner Wohnung. Neben seinem Bett hatte er zwei große Kartons mit Fotos, die wir betrachteten und ordneten. Seine Tochter hatte begonnen, ein Erinnerungsbuch anzulegen, und wir wählten dafür die Fotos aus. Er zeigte mir voller Stolz all die Autos, die er besessen hatte. Er sprach davon, wie viele Kilometer er bei seinen ganzen Terminen als Finanzberater zurückgelegt habe. Ich machte ihn auf Fotos aufmerksam, auf denen er glücklich und zufrieden aussah, und er erinnerte sich stolz an diese schönen Zeiten. Dann äußerte er den Wunsch, noch einmal mit seinem Auto zu fahren, das abgemeldet in der Tiefgarage stand. Ich gab den Wunsch an seine Tochter weiter. Sie bat einen Bekannten, eine Tageszulassung zu besorgen. Alles wurde organisiert, aber leider scheiterte das Unternehmen daran, dass sein Gesundheitszustand zunehmend schlechter wurde.

Herr H. beklagte sich über die immer stärkeren Schmerzen, die Vergesslichkeit und über Schwierigkeiten, die richtigen Worte zu finden. Das Vorbereiten unseres Kaffeetrinkens überließ er nun mir allein. Er sprach auch wieder von seiner von ihm getrennt lebenden Frau. Ich erinnerte ihn daran, dass mir beim Betrachten der Fotos aufgefallen ist, dass es auch schöne und harmonische Zeiten mit seiner Frau gegeben habe. Darauf berichtete er von Urlaubsreisen und schönen Festen und von dem großen Haus, das sie bewohnt hatten. Aber von Versöhnung wollte er nichts wissen.

Oft sprachen wir übers Sterben. Er sagte, am liebsten würde er einschlafen und nicht mehr aufwachen.

An einem Wochenende besuchten ihn seine Geschwister aus Bayern. Darüber hatte er sich sehr gefreut, aber es hatte ihn auch sehr angestrengt. Es ging ihm immer schlechter, und er musste wieder ins Krankenhaus. Auch dort besuchte ich ihn, aber er schlief während des Besuchs immer wieder ein. Jetzt war er bereit, ins Hospiz zu gehen, in das er nach der Entlassung aus dem Krankenhaus umziehen wollte. Ich erklärte ihm, dass er viele seiner persönlichen Sachen mitnehmen könne. Er verwies auf die Kartons mit Fotos, damit wir noch weiter Bilder ordnen könnten. Beim Abschied sagte er: »Machen Sie sich keine Sorgen, den Rest des Weges werden wir auch noch gemeinsam gehen.«

Bei meinem nächsten Besuch war er schon im Hospiz. Er hatte ein schönes helles Zimmer, aber die vielen neuen Menschen irritierten ihn. Er erzählte wieder aus seinem Leben. Aber obwohl die Geschichten sich ähnelten, war es doch immer wieder etwas anders. An einem Freitag trafen sich Heimbewohner und ehrenamtliche Helfer zum gemeinsamen Singen. Auch wir gingen hin, und das Singen machte ihm großen Spaß.

Am Sonntag um 22:00 Uhr bekam ich einen Anruf aus dem Hospiz. Herr H. läge im Sterben und ich könnte ihn gern noch besuchen. Seine Tochter sei auch benachrichtigt worden. Sie habe aber gesagt, sie sei den ganzen Sonntag bei ihm gewesen und habe sich von ihm schon verabschiedet. Sie werde aber am nächsten Tag kommen.

Als ich im Hospiz eintraf, war er wenige Minuten vorher gestorben. Ich setzte mich an sein Bett und berührte seine Hand. Sie war noch ganz warm. Er hatte den Raum noch nicht verlassen. Wir hielten ein stummes Zwiegespräch, und ich sprach einige Gebete. Nach einer Stunde kam die Krankenschwester, und wir zündeten für ihn eine Öllampe an. Traurig verließ ich das Hospiz. Ich hatte Herrn H. 14 Monate begleitet. Nach 10 Tagen fand dann die Beerdigung statt.

Nicht den Humor verlieren

Besonders die jüdische Tradition geht humorvoll mit Sterben und Tod um. Eine Geschichte erzählt, dass vor der Küste eines Landes in einem großen Sturm ein Schiff gesunken sei. Alle Menschen auf dem Schiff sind umgekommen. Nur ein Jude schwimmt durch die hohen Wellen auf das Ufer zu. Ab und zu reckt er sich im Wasser hoch und ballt die Faust gegen den Himmel. Als er schon das rettende Ufer erreicht hat und im Wasser steht, ballt er wieder die Faust gegen den Himmel und ruft: »Du, Unaussprechlicher! Wenn du glaubst, dass du mein Vertrauen in dich zerstören kannst, irrst du dich!«

Inmitten der Krise und inmitten des Sterbens gehört Humor zum Leben. In der christlichen Tradition gibt es den Brauch des Osterlachens. Es war bis ins 19. Jahrhundert gerade in Bayern Tradition, die Gemeinde in der Osterpredigt zum Lachen zu bringen. Dies drückt zum einen die Freude an diesem Tag aus, zum anderen wurde der Tod ausgelacht. Alle wussten um die Wirklichkeit des Todes, aber Ostern setzte dem Tod das Gelächter entgegen. Der Humor im Angesicht des Sterbens und des Todes ist paradox, der Tod ist eine ernste Geschichte, die das Leben beendet. Dies ist mit Abschied und Schmerz verbunden. Aber gleichzeitig gehört dazu, dass der Tod keine Macht mehr über das (gelebte) Leben hat sowie die Gewissheit, dass das Leben bei Gott über den Tod hinausführt. Dies kann ein befreiendes Lachen schenken.

Eine meiner schönsten Erfahrungen mit dem Lachen und der damit verbundenen Leichtigkeit habe ich im Kinderhospiz erlebt. Dort war die Atmosphäre, das Lächeln der Mitarbeiter und Mitarbeiterinnen bei aller Traurigkeit und bei allem Schmerz so ansteckend, dass es mir inmitten des Sterbens leicht ums Herz wurde. Ich war nur noch dankbar. Und auch dies darf und soll so sein.

Nach-Ruf

Am Ende eines Lebens erfolgt hin und wieder ein Nach-Ruf. Dies soll auch am Ende dieses Buches erfolgen.

Dieses Buch hat uns in unserem jetzigen Lebensabschnitt – wir beide sind um die 60 Jahre – sehr bewegt und berührt. Sicherlich setzen wir manche Prioritäten in unserem Leben nach und mit diesem Buch noch einmal anders – egal, wie viel Zeit uns bleibt.

Dieses Buch bewegte uns auch in einem besonderen Lebensabschnitt: Wir sind über 40 Jahre miteinander verheiratet, unsere Kinder sind erwachsen und leben ihr eigenes Leben, wir sind Großeltern geworden und Rüdiger durfte mit 60 Jahren in Pension gehen. Unsere Möglichkeiten, Pflicht und Verantwortung, Freiheit und Freigeben selbst zu gestalten, sind größer geworden.

Aber dieses Buch konnte nicht nur von uns geschrieben werden. Viele Menschen, die uns fast alle gut vertraut sind, sind an diesem Buch beteiligt. Wir danken ihnen sehr herzlich für ihre jeweilige fachliche und persönliche Kompetenz, die sie einbrachten; wir sind für das Ergebnis sehr dankbar. Die Beiträge sind so unterschiedlich wie die Menschen, die sie geschrieben haben; sie sind so unterschiedlich, persönlich und individuell, wie auch das Sterben und Leben einzigartig ist. Aus diesem Respekt heraus haben wir auf jegliche Angleichung der Beiträge verzichtet.

Wir danken ganz herzlich Michael von Brück, Burga Gripekoven, Raimund Hillebrand, Franz-Xaver Jans-Scheidegger, Rainer Moritz, Gundula und Werner Rossbach, Monika Schaefer, Gudrun Schartenberg, Werner Schenning, Bogdan Snela, Heinz Stobe, Martin Thurner, Bärbel Trautwein, Kristiane Voll und ganz besonders Josef K. Pöllath, dem Initiator und Lektor des Buches.

Anhang

Ausgewählte Literatur

Aulbert, Eberhard/Nauck, Friedemann/Radbruch, Lukas (Hrsg.): Lehrbuch der Palliativmedizin. Stuttgart 2008

Album, Mitch: Dienstags bei Morrie. München 1998

Borasio, Gian Domenico: Über das Sterben. Was wir wissen. Was wir tun können. Wie wir uns darauf einstellen. München 2011

Brück, Michael von: Ewiges Leben oder Wiedergeburt. Freiburg 2007

Enomiya-Lassalle, Hugo M.: Weisheit des Zen, herausgegeben von Bogdan Snela. München 1998

Fleck-Bohaumilitzky, Christine/Fleck, Christian: Du hast kaum gelebt. Wenn Kinder vor ihren Eltern sterben. Stuttgart 2006

Grün, Anselm OSB: Leben aus dem Tod. Münsterschwarzach 1995

Grond, Erich: Die Pflege verwirrter alter Menschen. Freiburg 1996

Hammarskjöld, Dag: Das Unerhörte – in Gottes Hand zu sein. Leutesdorf 1994

Kübler-Ross, Elisabeth: Leben bis wir Abschied nehmen. Gütersloh 1986

Evangelisches Gesangbuch. Verschiedenen Ausgaben

Lammer, Kerstin: Trauer verstehen. Formen, Erklärungen, Hilfen. Neukirchen 2010

Lammer, Kerstin: Den Tod begreifen. Neue Wege in der Trauerbegleitung. Neukirchen 2010

Kojer, Marina: Alt, krank und verwirrt. Einführung in die Praxis der Palliativen Geriatrie. Freiburg 2003

Früh, Sigrid (Hrsg.): Märchen von Leben und Tod. Frankfurt/Main 1990

Maschwitz, Gerda und Rüdiger: Kursbuch Beten. München 2009

Maschwitz, Rüdiger: Kooperieren mit dem Unvermeidbaren. München 2008

Maschwitz, Rüdiger: Das Herzensgebet: ein Meditationsweg. München 2005

Massa, Willi: Kontemplative Meditation. Die Wolke des Nichtwissens. Einführung und Anleitung. Mainz 1993

Neysters, Peter/Schmitt, Karl Heinz: Denn sie werden getröstet werden. Das Hausbuch zu Leid und Trauer, Sterben und Tod. München 1993

Nouwen, Henri J.M.: Adam und ich. Eine ungewöhnliche Freundschaft. Freiburg 1998

Panikkar, Raimon: Gottes Schweigen. Die Antwort des Buddha für unsere Zeit. München 1992

Paul, Chris (Hrsg.): Neue Wege in der Trauer- und Sterbebegleitung. Hintergründe und Erfahrungsberichte für die Praxis. Gütersloh 2011

Rilke, Rainer Maria: Das Buch der Bilder. Verschiedene Ausgaben

Rinser, Luise: Fließendes Licht. Ein Lesebuch, herausgegeben von Bogdan Snela und Ute Zydek. München 1993

Rinpoche, Sogyal: Das Tibetische Buch vom Leben und vom Sterben. Ein Schlüssel zum tieferen Verständnis von Leben und Tod. Mit einem Vorwort vom Dalai Lama. München 1994

Ridder, Michael de: Wie wollen wir sterben? Ein ärztliches Plädoyer für eine neue Sterbekultur in Zeiten der Hochleistungsmedizin. München 2010

Terzani, Tiziani: Das Ende ist mein Anfang. Ein Vater, ein Sohn und die große Reise des Lebens. München 2007

Weidenhöfer, Margit: Du führst mich hinaus ins Weite. Leben mit einem Sterbenden. Frankfurt/Main 1984

Wilber, Ken: Mut und Gnade. Die Geschichte einer großen Liebe. Das Leben und Sterben der Treya Wilber. Frankfurt 2012

Autorinnen und Autoren

Michael von Brück, Jahrgang 1949, Professor für Religionswissenschaft an der Ludwig-Maximilians-Universität München, Yoga und Zen-Lehrer.

Burga Gripekoven, Jahrgang 1945, beschäftigt sich seit 15 Jahren mit Sterben und Tod. Die Auseinandersetzung bereichert in unterschiedlicher Weise ihr Leben, genauso wie der meditative Tanz.

Raimund Hillebrand, Jahrgang 1964, Dr. med, Facharzt für Psychiatrie und Psychotherapie, seit 2007 in eigener Praxis als niedergelassener Psychotherapeut, intensive Meditationserfahrung.

Gerda Maschwitz, Jahrgang 1953, ist Diplom-Pädagogin und Heilpraktikerin mit eigener Praxis für Klassische Homöopathie; außerdem arbeitet sie als Eutoniepädagogin und Eutonietherapeutin (Gerda-Alexander-Schule) sowie als Atemtherapeutin und Autorin.

Rüdiger Maschwitz, Jahrgang 1952, ist Pfarrer und Diplom-Theologe. Er leitete bis 2012 die Arbeitsstelle »Kirche mit Kindern« der Evangelischen Kirche im Rheinland. Mittlerweile ist er im Ruhestand.

Franz-Xaver Jans-Scheidegger, Jahrgang 1943, studierte Philosophie, Theologie und analytische Psychologie. Tätigkeiten: Psychotherapeut in eigener Praxis, Lehranalytiker und Supervisor am Internationalen Seminar für analytische Psychologie (ISAP) Zürich; Kontemplationslehrer im Via-Cordis-Haus St. Dorothea, CH-6043 Flüeli-Ranft; vielfältige Dozententätigkeit, Seminar- und Weiterbildungsarbeit im deutschsprachigen Raum. Spezialgebiete: Symbolik des Individuationsprozesses in Träumen und divinatorischen Verfahren; Raumsymbolik und ihre Deutung in Spontanbildern aus dem Unbewussten; vergleichende Symbolkunde im interreligiösen Dialog, abendländische Mystik und kontemplative Spiritualität.

Rainer Moritz, Jahrgang 1963, Pfarrer und Meditationslehrer, Notfallseelsorger.

Gundula Rossbach, Jahrgang 1949, chemisch-technische Assistentin, ehrenamtliche Trauerbegleiterin im Hospiz am Vinzenz-Palotti-Hospital; intensive Meditationserfahrung.

Werner Rossbach, Jahrgang 1937, Diplom-Ingenieur, ehrenamtlicher Hospizhelfer bis 2000, intensive Meditationserfahrung.

Monika Schaefer, Jahrgang 1957, Fachkrankenschwester Palliative Care mit Zusatzqualifikation in Kinaesthetics (ZAK M/H), Fußreflexzonentherapeutin; sechs Jahre palliative Pflege im Hospiz Arche Noah; Pflegedienstleitung, jetzt im Hospiz St. Barbara; Gestalttherapeutin.

Gudrun Schartenberg, Jahrgang 1962, Krankenschwester, zahlreiche Fortbildungen in Palliativ Care, ehrenamtlich und beruflich seit vielen Jahren im Hospiz tätig.

Werner Schenning, Jahrgang 1952, Diplom-Ingenieur, Energieberater, intensive Meditationserfahrung.

Bogdan Snela, Jahrgang 1937, Dr. theol., Dr. phil., Alexander-von-Humbolt-Stipendiat, ab 1978 Verlagslektor; 1986 mit Frau Helena Gründung des Meditationshauses Domicilium und 2004 der Domicilium Hospizgemeinschaft in Weyarn, Zen- und Mystagogie-Lehrer.

Heinz Stobe, Jahrgang 1943, Techniker; nach der Frühpensionierung *ökumenische Exerzitien im Alltag* zum Thema: »Begegnung Leben«; danach Teilnahme am Grund- und Aufbauseminar: *Begleitung von schwer kranken und sterbenden Menschen* beim Franziskus Hospiz Hochdahl, intensive Meditationserfahrung.

Martin Thurner, Jahrgang 1942, katholischer Pfarrer, ehemaliger Dozent an der FHS für Religionspädagogik in München und Eichstätt, Gemeindeberater, Ausbildung in Supervision und Coaching, seit 2012 im Ruhestand.

Bärbel Trautwein, Jahrgang 1953, Krankenschwester mit Weiterbildungen in der Fachpflege Anästhesie und Intensivmedizin, Palliative-Care und Trauerbegleitung; Begleitung am Tonfeld® (Heinz Deuser) und Somatic Experiencing (S. E.)® Practitioner (Peter Levin); Fachberaterin für Psychotraumatologie, intensive Meditationserfahrung.

Kristiane Voll, Jahrgang 1963, Trauerbegleiterin; von 1998–2005 Pastorin für Trauerbegleitung im Kirchenkreis Köln-Rechtrheinisch; seit 2005 Gemeindepfarrerin, über viele Jahre mit Schwerpunkt im Engagement für verwaiste Eltern und Geschwister.

Quellenvermerk

Ridder, Michael de: Wie wollen wir sterben? (Verbindlichkeit und Reichweite der Patientenverfügung), S. 201–205

Borasio, Gian Domenico: Über das Sterben (Vorsorgevollmacht und Patientenverfügung), S. 140 ff.

Holle, Gisela: Sterben und Homöopathie, in: Homöopathie-Zeitschrift. Schwerpunktthema Geriatrie. München/Gauting 2001

Prollius, Dr. Annette: Homöopathie am Sterbebett, in: Homöopathie aktuell

Huber, Gudrun/Casagrande, Christine. Komplementäre Sterbebegleitung. Ganzheitliche Konzepte und naturheilkundliche Therapien. Haug-Verlag 2011

Dietrich Bonhoeffer, EKG 652

Seite 187: *Kaschnitz, Marie Luise*: Auferstehung, in: Gedichte. © Iris Schnebel-Kaschnitz

Weiterführende Lektüre

Brück, Michael von: Ewiges Leben oder Wiedergeburt? Sterben, Tod und Jenseitshoffnung in europäischen und asiatischen Kulturen. Verlag Herder. Freiburg 2007 (Taschenbuch 2011)

Rager, Günter/Brück, Michael von: Grundzüge einer modernen Anthropologie. Vandenhoeck & Ruprecht Verlag. Göttingen 2012

Saunders, Cicely, in: Brücke in eine andere Welt

Beispiele, zusammengefasst

Kojer, Marina (Hrsg.): Alt, krank und verwirrt. Einführung in die Praxis der palliativen Geriatrie. Lambertus-Verlag. Freiburg 2009

Grond, Erich: Die Pflege verwirrter und dementer alter Menschen. Lambertus-Verlag. Freiburg 2008

Lammer, Kerstin: Trauer verstehen. Formen, Erklärungen, Hilfen. Neukirchener Verlagsgesellschaft. Neukirchen-Vluyn 2010, S. 107 ff.

Bildquellen

Fotolia.com (S. 11: Guido Vrola, S. 19: Kautz15, S. 27: Ludmila Smite, S. 61: Superhasi, S. 75: Kagenmi, S. 99: Jo Graetz, S. 141: Jürgen Fälchle, S. 189: mahey, S. 209: pegasusart, S. 217: Carola Vahldiek, S. 229: Schlierner)

Stichwortverzeichnis

Angelika Gräfin Wolffskeel von Reichenberg

DIE 12 SALZE DES LEBENS
BIOCHEMIE NACH DR. SCHÜSSLER

Ein Ratgeber für Erwachsene und Kinder

14,95 € (D)
15,40 € (A)
ISBN 978-3-86374-086-3

„In ihrem Ratgeber (...) gibt die Heilpraktikerin Angelika Gräfin Wolffskeel ihren großen Erfahrungsschatz mit Schüßlersalzen preis."
Frau mit Herz

Sven Sommer

HOMÖOPATHIE
WARUM UND WIE SIE WIRKT

14,95 € (D)
15,40 € (A)
ISBN 978-3-938396-73-5

„Insgesamt ist das Buch von Sven Sommer für jeden ein Muss, der sich über die Wirkungsweise der Homöopathie informieren will. Seinem Versprechen, für den Patienten zu schreiben, ist er bis zum Schluss treu geblieben. Seine klare, strukturierte Vorgehensweise macht es möglich, Zusammenhänge zu verstehen, auch wenn man ohne naturwissenschaftliche Vorbildung an das Buch herangeht."
Globuli

Sven Sommers

HOMÖOPATHISCHE HAUS- UND REISEAPOTHEKE

Mit schulmedizinischen Tipps von Dr. med. Werner Dunau

9,99 € (D)
10,30 € (A)
ISBN 978-3-86374-010-8

„Heilpraktiker Sommer legt einen praktikablen Homöopathie-Ratgeber für zu Hause und auf Reisen im Hosentaschenformat vor."
ekz-Bibliotheksservice

Unsere Bücher erhalten Sie bei Ihrem Buchhändler oder über unseren Internetladen:

www.mankau-versand.de

Ein Internetforum mit unseren Autoren, Leseproben, Veranstaltungstipps und unseren Newsletter finden Sie auf:

www.mankau-verlag.de